Gisela Walter

Das Buch von der Zeit

Kinder erleben und lernen spielerisch
alles über die Zeit

Illustrationen: Jutta Knipping

Ökotopia Verlag, Münster

Impressum

Autorin: Gisela Walter

Illustratorin: Jutta Knipping

Lektorin: Barbro Garenfeld

Satz: Studio Bandur, Idstein-Wörsdorf

ISBN: 3-936286-59-0

1 2 3 4 5 6 7 8 9 · 12 11 10 09 08 07 06 05

Widmung

Meinem Vater,
dem Uhrensammler,
dem Kalendernotizenschreiber,
dem Pünktlichen,
der Freizeit mit Arbeitszeit eintauschte,
der erst im Alter seine Zeit genießen konnte,
der uns am Schluss lehrte, dass alles seine Zeit hat.

Inhalt

Alles hat seine Zeit

Die Zeit bestimmt unser Leben. Jeder Mensch hat seine Lebenszeit. Die Natur hat ihre Jahreszeiten. Der Tag wird durch die Uhrzeit eingeteilt, die Kalenderwoche mit Terminen gefüllt. Im Jahresablauf wiederholen sich Festtage, Geburtstage und Ferienzeit.
Die Zeit lässt sich messen, vergleichen, einteilen, festlegen und planen. Sie ist ein prägendes und strukturierendes Element im Leben des Menschen.
Unsere Sprache hat viele Redewendungen, in denen Zeit vorkommt: „Ach du liebe Zeit – ich habe keine Zeit!". Wir nehmen uns die Zeit, es kommen gute oder schlechte Zeiten, wir verschlafen die Zeit oder genießen sie, die Zeit läuft uns davon und wir rennen ihr hinterher. „Das ist verlorene Zeit!", meint ein Erwachsener, und das Kind denkt: „Dann suchen wir sie eben!"

Was im Buch steht

Das Buch geht von der kindlichen Zeitvorstellung aus. Es zeigt Wege auf, wie Kindern mit Spielen, Beispielen, Informationen, Erlebnissen, Gesprächen und Bastelarbeiten das Phänomen „Zeit" verständlich gemacht wird. So ist Zeit nicht mehr „irgendetwas", das sich die Erwachsenen ausgedacht haben, sondern wird für die Kinder selbst wahrnehmbar, erfahrbar und sichtbar.
Zu Beginn stehen Informationen über den Tag und das Jahr. Das sind Zeiträume, die Kinder kennen. Der Tag ist eine für Kinder überschaubare Zeit. Das Jahr ist für sie zwar ein langer Zeitraum, aber jedes Kind weiß, dass es einmal im Jahr Geburtstag hat und dass „alle Jahre wieder" das Christkind kommt.
Für den Umgang mit der Uhrzeit enthält das Buch ein umfassendes Lernprogramm. Dieses ist an der historischen Entwicklung der Uhr ausgerichtet. Die Kinder spielen die Beobachtungen nach und bauen mit einfachen Mitteln historische Zeit-Messgeräte. Dabei erkennen sie, wie ein Zeitverlauf sichtbar wird. Sie lernen, was Pünktlichkeit konkret bedeutet und dass es sinnvoll ist, Zeitabsprachen zu vereinbaren und einzuhalten, wenn sie sich mit anderen treffen möchten.
Die Informationen im Buch sind für den Erwachsenen und für die älteren Kinder, die es genauer wissen wollen. Die jüngeren Kinder werden diese Berichte eher als unterhaltende Geschichten aufnehmen und darüber staunen.

Was die Kinder lernen

Tag, Jahr, Natur und Leben sind von immer wiederkehrenden Rhythmen bestimmt und dadurch überschaubar und planbar. Wir teilen die Zeit ein und sprechen von Stunden, Wochentagen, Jahreszeiten und Lebensjahren.
Die Zeit wird unterschiedlich erlebt: Fünf Minuten als Wartezeit dauern ewig lang, die Zeit scheint still zu stehen. Fünf Minuten als lustige Spielzeit gehen schnell vorbei, die Zeit eilt scheinbar davon. Es liegt also an uns, wie wir die Zeit ausfüllen und erleben.
Die Erwachsenen haben ein eigenwilliges Zeitverständnis, wenn sie von „sofort, gleich, später, nachher, bald oder dalli-dalli" reden. Die Kinder lernen, dass sie besser nachfragen, wenn sie diese Aussagen nicht verstehen.
Die Uhr ist eine nützlich Erfindung für die Einteilung eines Tages. Alle Menschen orientie-

ren sich danach. Deshalb macht es Sinn, die Uhrzeit lesen zu lernen.

Was die Erwachsenen erfahren

Mit der Lektüre dieses Buches wird den Erwachsenen wieder bewusst, dass Kinder Zeit anders erleben. Was Uhrzeit, Tag und Woche ist, müssen die Kinder erst lernen. Auch die gewohnten Zeit-Aussagen wie „später, nachher, morgen, ein andermal" sind für Kinder zuerst einmal unverständlich und müssen erklärt werden. Dann können sich die Kinder darauf einstellen.

Die Aktivitäten, die in diesem Buch beschrieben werden, sind praktische Anregungen und didaktische Hilfen, um den Kindern Zeit zu erklären und einen sicheren Umgang mit der Uhrzeit zu vermitteln.

Und vielleicht erfahren die Erwachsenen die Zeit wieder neu, wenn sie bei den Spielaktionen und Gesprächen das etwas andere Zeitverständnis der Kinder miterleben und mitempfinden.

So erleben die Kinder ZEIT

Im Arm bei Mama bleibt die Zeit stehen,
bei den Gutenachtgeschichten läuft sie
viel zu schnell,
beim Spielen wird sie vergessen,
beim Warten nimmt sie kein Ende.
Der Augenblick ist zeitlos,
das Jetzt hat längst begonnen,
das Gleich beginnt viel zu spät,
das Nachher passiert irgendwann,
morgen ist früher oder später,
gestern ist lange her.

Kinder kennen keine Sekunden,
die Minuten dauern lange,
die Stunden sind ihnen lästig,
Geburtstag und Weihnachten sind markante Tage.
Der Monat ist unfassbar,
das Jahr ist eine Ewigkeit,
der Sommer heißt Ferien,
der Winter bedeutet Mütze und Schal,
die Nacht beginnt mit der Dunkelheit,
der Tag mit dem Aufwachen.

Die Zeit ist das Leben.

Die Kinder lernen von den Erwachsenen
die festgelegte Zeit,
messbar in Milli-Sekunden und berechenbar
in Jahr-Millionen,
die Zeit, auf die es ankommt, die geplant und
vereinbart wird.

Die Erwachsenen lernen von den Kindern die
erfüllte Zeit,
die Zeit der Sinne, die Gegenwart als
lebendige Zeit,
die Zeit, die hier und jetzt ist.

Die Zeit

Was ist die Zeit?

Diese Frage beschäftigt die Menschheit seit Tausenden von Jahren, und bis heute kann sie keiner eindeutig beantworten. Die Definitionen fallen je nach Zeitalter, Kultur, Religion, Wissenschaft und Bildungsstand unterschiedlich aus. Und dennoch reden wir ständig von der Zeit: Wir haben Zeit, wir haben keine Zeit, wir teilen unseren Alltag in Arbeits- und Freizeit auf, wir treffen Zeitabsprachen und planen Termine.
„Was ist Zeit? Wenn mich niemand danach fragt, weiß ich es ganz genau. Wenn ich aber danach gefragt werden, dann weiß ich es nicht mehr!“ So erklärte Augustinus vor 1600 Jahren die Zeit. Und genauso könnten wir es heute noch formulieren, obgleich wir mittlerweile einen weltweit gültigen Kalender benützen und den Zeitverlauf mit der Uhr in Bruchteilen von Sekunden messen.

Wenn wir Wissenschaftler oder Manager nach einer Definition des Phänomens Zeit fragen, geben sie unterschiedliche Antworten:

- Der **Historiker** sagt: Zeit ist ein chronologisches Kontinuum für die Einordnung geschichtlicher Ereignisse.
- Der **Soziologe** sagt: Zeit ist die Aufteilung zwischen Privatleben und Arbeitsleben.
- Der **Psychologe** sagt: Zeit ist der Prozess vieler wahrnehmbarer Veränderungen.
- Der **Biologe** sagt: Zeit ist der rhythmische Ablauf der Vorgänge in der Natur.
- Der **Physiker** sagt: Zeit ist das Verhältnis von Weg zu Geschwindigkeit.
- Der **Ökonom** sagt: Zeit ist Geld und bestimmt den materiellen Wert der Dinge.
- Der **Manager** sagt: Zeit ist eine sinnvolle Einteilung des Tages zur besseren Bewältigung der Aufgaben.

Klar, dass alle Antworten richtig sind, es sind eben unterschiedliche Verständnisebenen der Zeit. Genau genommen hat jeder seine eigene Vorstellung davon, was Zeit ist:
Wir können zwar den Begriff Zeit nicht eindeutig definieren, dennoch gehen wir einfach und unkompliziert mit ihr um. Wir legen Zeitpunkte fest, halten Zeiten ein und durchleben einen Wochentag nach immer wiederkehrenden Zeitprogrammen: Wir lassen uns morgens von einem Wecker zu einer bestimmten Zeit wecken, kommen pünktlich zur Arbeit, und dort treffen wir viele Zeitabsprachen mit anderen. Ist die Arbeitszeit zu Ende, beginnt die Freizeit. Auch sie ist mit Pflichten und Hobbys zeitlich verplant. Dann schließt sich die Abendzeit an, einer Phase für Familie und Freunde, einer Fernsehzeit oder einer Auszeit zur Erholung. Zur späten Stunde kommt die Nachtzeit und beim Zubettgehen stellen wir den Wecker, damit er uns am nächsten Tag wieder rechtzeitig weckt.
Viele Menschen behaupten sogar, die Zeit bestimmt unser Leben und die Uhrzeit zerhackt unseren Tag. Doch in Wirklichkeit sind wir es selber, die mit der Zeiteinteilung das Leben planen und organisieren, damit wir die Zeit gut nutzen, sie sinnvoll einteilen, nicht verplempern und sie ausfüllen.

Rätsel

Es läuft und läuft,
doch keiner sieht's laufen,
und keiner kann's halten
und keiner kann's kaufen!
Doch wer es findet,
bekommt es geschenkt.
Was ist das?

Die Zeit

Subjektive Zeit – objektive Zeit

Eines steht fest, die Zeit können wir subjektiv wahrnehmen oder objektiv betrachten. Der Unterschied ist dieser:

- Die **subjektive Zeit** ist die Alltagszeit mit ihren täglichen Routinen, mit der Aufteilung in Arbeit und Freizeit, einer emotionalen Zeitwahrnehmung und einem aktiven wie auch passiven Zeiterleben.
  Die subjektive Zeit ist auch die Lebenszeit mit ihrem natürlichen Lebensablauf, mit Anfang und Ende, den Lebensphasen Kinder- und Jugendzeit, Erwachsenen- und Greisenalter.
- Die **objektive Zeit** ist die messbare Zeit in Verbindung mit Raum und Bewegung oder Wegstrecke und Geschwindigkeit. Es ist ebenso das genau festgelegte Zeitsystem der Uhren und Kalender. Und es sind diese drei großen Zeitabschnitte: die abgeschlossene Zeit der Vergangenheit, die punktuelle Zeit der Gegenwart und die offene Zeit der Zukunft.

Kinder reden über die Zeit (Gespräch)

Die Kinder reden über das Wort „Zeit", auf das Erwachsene so oft hinweisen. Sie erfahren, wie andere Kinder Zeit erleben und verstehen. Sie hören und lernen Wörter, die sie brauchen, um zukünftig über die Zeit sprechen zu können.

Alter: ab 5 Jahren
Material: alte Zeitschriften, Scheren, Klebstoff, großer Papierbogen, Klebestreifen

„Wer weiß, was Zeit ist und kann sie erklären?" Diese Frage beantworten die Kinder und sagen frei heraus, was sie unter Zeit verstehen: Das kann Mamas Küchenuhr sein, die eigene Armbanduhr, der Tag gleich nach dem Aufwachen, das Spielen im Kindergarten, der Beginn des ersten Unterrichts in der Schule.

Die Antworten der Kinder werden nicht gewertet – schließlich definieren auch die Wissenschaftler die Zeit sehr unterschiedlich (▶ Seite 7).
Nach diesem Gespräch blättern die Kinder in Zeitschriften und suchen nach Abbildungen, die das darstellen, was die Kinder unter Zeit verstehen. Diese Bilder schneiden die Kinder grob aus, kleben sie auf dem Papierbogen zu einer Collage zusammen, suchen für ihr großes Zeit-Bild einen geeigneten Platz aus und befestigen es dort mit Klebeband.

Tipp
Das Poster ist eine interessante Vorlage für einen Eltern-Informationsabend, wenn ein geplantes Zeit-Projekt oder das Lernthema Zeit vorgestellt wird.

Lange Zeit - kurze Zeit

Ob wir die Dauer eines Zeitraums als lang oder kurz einstufen, hängt davon ab, wie vielfältig, erfüllt und aufregend das Erlebnis ist und wie viele Sinneswahrnehmungen aufgenommen, verarbeitet und als Erinnerung im Gedächtnis gespeichert werden. Dort haben wir so etwas wie einen inneren Zeitmesser. Diese Uhr tickt anders. Sie lässt erlebnisreiche Zeit kurzweiliger und ereignislose Zeit langweiliger werden. Eine langweilige Viertelstunde, in der man auf etwas warten muss und dabei nichts tun kann, scheint nicht enden zu wollen. Eine kurzweilige Viertelstunde, in der zum Beispiel eine spannende Geschichte erzählt wird, geht blitzschnell vorüber.

Unser Zeitgedächtnis

Das Phänomen der relativen Zeitwahrnehmung ist kompliziert: Einerseits wird eine ausgefüllte, interessante Zeit als kurzweilig erlebt, verbunden mit dem Gefühl, dass sie schnell vorüber geht. Andererseits verändert sich im Gedächtnis diese Zeitwahrnehmung, so dass wir später der Meinung sind, eine kurz andauernde Zeit wäre sehr lang gewesen, weil sie mit interessanten Ereignissen ausgefüllt war und im Gedächtnis viele Wahrnehmungen gespeichert wurden.
Hingegen werden reizlose, erlebnisarme Zeiten, die wir als endlos lange erleben, in der Erinnerung immer kürzer und schließlich vergessen. Einfach deshalb, weil im Gedächtnis kaum eine Information in dieser Zeit abgespeichert wurde.

Langeweile - kurze Weile (Spiel)

Bei diesem Spiel erleben die Kinder eine Zeitspanne von drei Minuten, einmal langweilig und einmal kurzweilig. Sie erfahren, dass es darauf ankommt, was sie während dieser Zeit machen. Mit dem, was sie tun, tragen sie dazu bei, dass eine Zeit schnell oder langsam vergeht. Diese Erfahrung können die Kinder gut gebrauchen und zukünftig in die Tat umsetzen, wenn eine lange Wartezeit schneller vorübergehen soll.

Alter: ab 4 Jahren
Material: Küchenwecker, spannende Vorlesegeschichte

In einem einleitenden Gespräch erfahren die Kinder, wie Zeit unterschiedlich lang empfunden wird, je nachdem, was sie tun, und dass die Kinder jetzt bei den zwei Spielen selber erleben, wie langweilig oder kurzweilig drei Minuten sein können.
Das Spiel beginnt, die Kinder setzen sich und der Küchenwecker wird auf drei Minuten gestellt. Während dieser Zeit müssen die Kinder still sitzen bleiben und dürfen wirklich nichts tun, nur warten, bis die Zeit vorüber ist.
Danach heißt es erst einmal, sich von diesem Stress zu erholen. Die Kinder recken sich und wer will, kann auch kurz aufstehen und zappeln und hüpfen. Dann geht das Spiel weiter.
Die Kinder nehmen wieder Platz, der Küchenwecker wird auf drei Minuten eingestellt und den Kindern wird diesmal eine spannende 3-Minuten-Geschichte vorgelesen.
Ist die Zeit vorbei, tauschen die Kinder ihre Erfahrungen aus. Jetzt wissen sie, worauf es ankommt, wenn Zeit schnell vergehen soll.

Die Tageszeit

Tag und Jahr sind für Kinder Zeiträume, die sie gut verstehen. Der Tag ist für sie eine überschaubare Zeit. Das Jahr verstehen sie als sehr lange Zeit, die sie bis zum nächsten Geburtstag abwarten müssen, dann werden sie ein Jahr älter.
Schon vor Urzeiten fanden die Menschen heraus, dass die Zeiteinheiten Tag und Jahr von der Sonne abhängen. Doch hatten die Menschen damals große Schwierigkeiten, ein Zeitmaß für einen Tag und ein Jahr festzulegen (mehr dazu ▶ S. 12 und S. 24).

Tag und Nacht

Ein 24-Stunden-Tag besteht aus zwei sichtbaren Abschnitten, die sich ständig abwechseln: dem hellen Tag und der dunklen Nacht. Dieser Wechsel beeinflusst das Leben von uns Menschen. Am Tag sind wir wach und unternehmungslustig, bei Nacht werden wir müde und wollen schlafen. Das verstehen die Kinder. Dieser ständige Wechsel von Helligkeit und Dunkelheit war auch das erste, was die Menschen in grauer Vorzeit als Zeiterscheinung erkannten und was sie dazu veranlasste, Worte für diese beiden Zeiten festzulegen: „Tag" und „Nacht".

Neue Wörter erfinden

(Gespräch)

Dieses Gespräch gibt den Kindern einen Anlass, über Tag und Nacht zu reden. Sie denken sich alternative Begriffe dafür aus und versuchen, ihre Wortschöpfungen zu erklären. Sie reden über ihre eigenen Erlebnisse, machen sich den immer wiederkehrenden Wechsel von Tag und Nacht bewusst und finden vielleicht auch heraus, dass diese Tag- und Nacht-Phasen von den Menschen weder beeinflusst noch verändert werden können.
Von Uhrzeiten und Stunden braucht bei diesem Gespräch noch keine Rede zu sein, darüber werden die Kinder bei anderen Spielen mehr erfahren.

Alter: ab 5 Jahren
Material: Papier, Buntstifte

Die Kinder hören von den Beobachtungen der Menschen (s. o.) und tauschen ihre eigenen Erlebnisse von Tag- und Nachtzeiten aus. Das Gespräch kann mit gezielten Fragen unterstützt werden (▶ nächste Seite):

- Sieht die Straße nachts anders aus als am Tag?
- Was ist anders?
- Können wir auch nachts spazieren gehen?
- Wann ist es dunkel?
- Warum ist es dunkel?
- Warum wird es nach einer Nacht immer wieder hell?

Schließlich wird die Frage gestellt: „Stellt euch vor, es gäbe noch keine Wörter für Tag und Nacht und ihr müsstet selber Wörter für diese helle und dunkle Zeit erfinden?" Jetzt ist Phantasie gefragt! Da gibt es vielleicht eine Hell-Zeit und Dunkel-Zeit oder Sonnen-Zeit und Mond-Zeit oder Wach-Zeit und Schlaf-Zeit. Die erfundenen Wörter mit dicken Buntstiften auf ein Papier schreiben und an die Infowand pinnen.

Tagesbeginn

Wann beginnt eigentlich der Tag? Diese Frage war unter den Menschen lange Zeit nicht eindeutig geklärt: Früher betrachteten die Babylonier, Perser und Ägypter den Morgen als Tagesbeginn. Bei den Chinesen und Japanern hingegen begann der neue Tag um Mitternacht. Auch die Römern entschieden sich so und sahen darin eine klare Abgrenzung zwischen den einzelnen Tagen, was ihnen wichtig war für die Abrechnungen von Tageslohn und Steuern.

Die Sumerer und Griechen legten die Stunde des Sonnenuntergangs als Tagesbeginn fest.

In Europa, zu Zeiten, als Kaiser und Könige, Ritter und Räuber das Leben der Gesellschaft bestimmten, begann der neue Tag mit der Morgenstunde. Doch als die Räderuhren erfunden wurden und in den Kirchtürmen die Schlaguhren mit lautem Glockenklang jede volle Stunde ankündigten, waren sich die Menschen in Europa einig: Nach dem zwölften Glockenschlag um Mitternacht beginnt der neue Tag. So ist es bis heute geblieben und hat sich weltweit durchgesetzt.

Die einzige Korrektur: Mit dem ersten Glockenschlag – und nicht nach dem letzten Schlag – beginnt die neue volle Stunde. Folglich fängt mit dem ersten Schlag um Mitternacht auch der neue Tag an.

Wann beginnt ein Tag?

(Gespräch)

Den Kindern wird in diesem Gespräch der Start in einen neuen Tag, also der Tagesbeginn, bewusst. Mit Aufwachen und Aufstehen fängt der Tageslauf an.

Alter: ab 4 Jahren
Material: 1 Korb, kleine Bälle

Die Kinder werden gefragt: „Wann genau beginnt ein Tag?" Wer dazu etwas sagen möchte, nimmt einen Ball, hält diesen in der Hand, bis er an der Reihe ist, und legt den Ball zurück, wenn er mit seinen Ausführungen fertig ist. Wer später noch einmal etwas sagen möchte, nimmt erneut einen Ball. Die Kinder werden bei ihren Antworten vor allem von ihren Aufwach-Erlebnissen erzählen: Die Sonne scheint ins Zimmer. Die Mutter ruft zum Aufstehen. Der Vater gurgelt laut im Badezimmer nebenan mit dem Zahnputzwasser. Die älteren Geschwister trampeln den Flur entlang. Der Hund vom Nachbarn bellt, weil er Gassi geführt wird. Die Straßenbahn fährt laut klingelnd am Haus vorbei.

Tipp

Für dieses Gespräch ausreichend Zeit einplanen, damit alle Kinder Muße zum Reden, Zuhören und Nachdenken haben.

Tageswechsel

Der Tag beginnt also genau um Mitternacht. Das Wort sagt alles: Mitten in der Nacht! Für Kinder ist das nicht nachvollziehbar – und war es auch für die Menschen früher nicht. Wer ist schon mitten in der dunklen Nacht hellwach und kann den Beginn des neuen Tages erkennen? (mehr zum Thema Abend und Nacht ▶ S. 18)
Für Kinder beginnt der Tag genau dann, wenn sie aufwachen. Und die Nachtzeit ist für sie identisch mit der Schlafenszeit, egal ob vor oder nach Mitternacht, egal ob es abends noch hell oder morgens noch dunkel ist. Darüber unterhalten sich die Kinder bei den beiden nachfolgenden Aktivitäten.

Am frühen Morgen

Frühmorgens richten sich die Menschen auf den Tag ein: Die einen gehen ins Büro, die anderen öffnen ihre Geschäfte, die Lastwagen bringen neue Waren, aus der Bäckerei duften frisch gebackene Brötchen, eine Frau führt ihren Hund Gassi, die Schulkinder gehen zur Schule, die Straßenkehrmaschine reinigt die Straße, der Postbote radelt mit seinen prall gefüllten Posttaschen vorbei. Es gibt viel zu sehen am frühen Tag. Das ist ein guter Anlass, einmal mit der Kinderschar früh am Morgen um den Häuserblock zu wandern, um zu beobachten, was zu dieser Zeit alles passiert. Dazu die nachfolgenden beiden Aktionen:

Erste Tageszeit (Spiel)

Die Kinder erinnern sich, welche Erlebnisse am Anfang ihres Tages stehen. So wird der Blick vom Aufwachen und Aufstehen, eher Routine-Handlungen, auf die erste aktiv gestaltete Zeit gerichtet.

Alter: ab 4 Jahren
Material: Malfarben, Malpapier

Die Kinder setzen oder stellen sich in einen Kreis. Sie recken und strecken sich, so wie sie es tun, wenn sie aufwachen. Dann werden die Kinder zum Erzählen aufgefordert: „Was macht ihr am Anfang des Tages, nachdem ihr aufgewacht seid?" Jedes Kind kommt zu Wort. Wem nichts einfällt, der hört den anderen einfach zu.
Danach gehen die Kinder an die Maltische und jedes Kind malt, was ihm am Anfang des Tages wichtig ist oder was es am liebsten als erstes machen würde.
Alle Bilder an einer Bilderwand aufhängen, so können die Kinder sich gegenseitig ihre Bilder zeigen und erklären.

Die Tiere erwachen
(Musikspiel)

Die Kinder spielen und erleben, wie am Morgen ein Tier nach dem anderen aufwacht und munter wird.

Alter: ab 3 Jahren
Material: Orff'sche Instrumente (Glockenspiel, Kastagnetten, Triangel, Trommel etc.)

Jedes Kind überlegt sich ein Tier, das es spielen will, und sucht sich ein passendes Instrument dazu aus, z. B.:

die Maus	Glockenspiel, hohe Töne
der Hase	Kastagnetten
der Vogel	Triangel
der Käfer	Handtrommel, mit den Fingern antippen
der Hund	Xylophon
der Bär	Trommel
der Fisch	Glissando auf dem Metallophon
der Schmetterling	Schellenkranz

Dann beginnt die Geschichte, in der ein Erwachsener erzählt, wie nach und nach die Tiere aufwachen, sich recken und strecken, allmählich munter werden, sich umschauen oder in die Sonne blinzeln, und schließlich aufstehen und auf und davon gehen oder schwimmen oder fliegen oder krabbeln.
Sobald in der Geschichte ein Tier genannt wird, begleitet das Kind, das sich dieses Tier ausgesucht hat, auf seinem Instrument die Erzählung mit einem freien rhythmischen Spiel. So erklingen nach und nach die Instrumente und spielen am Schluss alle gemeinsam.

Guten Morgen, guten Tag (Spiel)

„Guten Tag!" sagen wir oft nur aus Gewohnheit. Uns ist kaum bewusst, was wir dem anderen dabei wirklich wünschen. Mit diesem Spiel bekommt diese Gewohnheit eine neue Aufmerksamkeit.

Alter: ab 4 Jahren
Material: Kindertanz-Musik

Treffpunkt der Kinder ist eine Ecke, in der zuerst ein Gespräch stattfindet. „Was sagen die Leute, wenn sie sich morgens begegnen?" Die Kinder überlegen, was sie am Morgen als Begrüßung alles gehört haben, z. B. „Guten Morgen", „Guten Tag", „Grüß Gott" (in München), „Tach" (in Berlin), „Moin-Moin" (in Hamburg).
Die Kinder stimmen ab, welcher Gruß ihnen am besten gefällt. Dann beginnt ein lustiges Spiel mit Musik: Die Kinder wandern oder hüpfen umher, kreuz und quer, und begrüßen alle, die ihren Weg kreuzen, mit diesem Morgengruß. Die Kindertanz-Musik im Hintergrund gibt dem Spiel eine vergnügte Stimmung. Wird die Musik gestoppt, entscheiden sich die Kinder für einen anderen Gruß. Sobald die Musik wieder erklingt, geht es weiter.

Tipp

Wenn der Tag mit einem Stuhlkreis oder einer Kinderkonferenz beginnt, kann dieses Begrüßungsspiel der Anfang sein.

Tagesablauf

Die Kinder brauchen die Erfahrung von konstanten Zeitabläufen, um sich am Tage und seinem Ablauf orientieren zu können. Das ist im Kindergartenalltag und in der Schule gut möglich, denn dort haben die Kinder gleich ablaufende und zeitlich konstante Programmpunkte im Tagesgeschehen. Dazu gehören z. B. das Freispiel im Kindergarten und der Stuhlkreis, der Stundenplan in der Schule, die Pausen und die Mahlzeiten. Einmal erkannt und verstanden, können die Kinder diese Aktivitäten in der richtigen Reihenfolge aufzählen: „Zuerst darf jeder spielen, was er will, dann ruft Frau Lorenz zum Stuhlkreis, dann stellen wir die Stühle zusammen und wenn alle da sind, singen wir ein Lied ...". So entwickeln sie eine Vorstellung davon, was ein fester Tagesablauf sein könnte.

Orientierung am Tag

Es ist sinnvoll, einen gleich bleibenden Ablauf festzulegen, um den Kindern diese Orientierungshilfe für Zeit und Tag zu geben. Mit dieser Erfahrung und diesem Wissen um einen chronischen Ablauf bestimmter Handlungen zu bestimmten Zeiten, ist ein wichtiger Lernschritt im Verständnis von Zeitabläufen gemacht.
Fehlt dieses Wissen, wird auch der Sinn einer Uhrzeit nicht recht verstanden und eher willkürlich und somit als veränderbar oder verhandelbar betrachtet. Manche Kinder meinen sogar, es ist die Allmacht der Mutter oder der Erzieherin, eine Stunde oder die Mittagszeit um 12 Uhr nach eigenem Belieben festzulegen.

Tagesablauf im Kindergarten oder in der Schule (Malspiel)

Hier geht es nicht um Uhrzeit und Termine, sondern um einen Zeitablauf als eine Folge von Erlebnissen und Aktivitäten. Selbst gemalte Bilder auf Kärtchen veranschaulichen das Tagesgeschehen und werden in entsprechender Reihenfolge sortiert. Die Kinder lernen, was ein Tagesablauf ist, dass sie sich daran orientieren können, und sehen anhand der Bilder, wie ihr Tag mit gleichen Programmpunkten strukturiert ist.

Alter: ab 5 Jahren
Material: Pinnwand, Stecknadeln, Zettel oder Kärtchen, Malstifte

Gleich zu Beginn des Tages setzen sich die Kinder an die Maltische, wo Zettel und Malstifte bereitliegen. Sie erinnern sich an den gewohnten Tagesablauf im Kindergarten oder in der Schule. Sie besprechen, wer welche Tätigkeiten oder Aktionen auf ein Kärtchen malt und stecken dann die Bilder in der richtigen Reihenfolge an die Pinnwand.
Jetzt kann der Tag beginnen. Und jedes Mal, wenn eine Aktion im Tagesablauf stattgefunden hat, treffen sich die Kinder vor der Pinnwand und drehen das entsprechende Kärtchen um oder nehmen es weg.
Am nächsten Tag beginnt das Spiel wieder von vorne. Die Kinder malen neue Kärtchen oder sortieren die Bilder vom Vortag. Sind zusätzliche Tagesprogramme geplant, werden auch diese auf Kärtchen gemalt und einsortiert.
Wie lange wird das Spiel fortgesetzt? Das entscheiden die Kinder selbst. Ist das Spiel zu Ende, trägt eine letzte Gesprächsrunde zur Vertiefung des Gelernten bei.

Die schönste Tageszeit
(Gespräch)

Es gibt Tageszeiten, die einem besonders gut gefallen. Diese Lieblingszeiten helfen den kleinen Kinder bei ihrer Orientierung im Tagesablauf. Daran können sie sich gut erinnern und warten am anderen Tag wieder auf dieses Ereignis. Denn schöne Erinnerungen bleiben im Gedächtnis (▶ S. 99). Den Kindern wird bewusst, was bestimmte Tageszeiten sind und sie erfahren, dass andere Kinder andere Tageszeiten schöner finden.

Alter: ab 3 Jahren
Material: Holzstab, bunt bemalt oder beklebt, evtl. leise Musik

Redestab
Der Holzstab wird als Redestab eingesetzt: Wer ihn in der Hand hat, darf reden. Wer mit seiner Erzählung fertig ist, gibt den Stab weiter. Wer nichts sagen will, gibt auch den Stab weiter.

Die Kinder setzen sich in einen Kreis. Zur Einstimmung auf das Gespräch können ihnen Beispiele gegeben werden: „Manche Kinder finden den frühen Morgen am schönsten, weil sie alle Erlebnisse vor sich haben, die Spiele, das Essen, die Begegnungen mit Freunden. Andere finden den Abend schöner, wenn die ganze Familie zu Hause ist, der Papa noch etwas vorliest und die Mama Zeit zum Schmusen hat."
Welche Zeit vom Tage finden die Kinder am schönsten? Vielleicht braucht jeder jetzt ein Weilchen zum Nachdenken. Diese Zeit kann mit leiser Musik überbrückt werden. Haben sich alle entschieden, geht die Erzählrunde los. Wer beginnen möchte, bekommt den Redestab.

Tipp
Wichtig ist, dass die Kinder nicht nur die Tageszeit nennen, sondern auch von ihren Erlebnissen, auf die sie sich dabei freuen, etwas erzählen. Denn Zeit ist für Kinder gleichzusetzen mit Erlebnissen.

Die Nachtzeit

Wann beginnt die Nacht?

Ein Tag besteht eigentlich aus zwei Teilen, Tag und Nacht, und heißt dennoch nur Tag. Wie sollen wir das den Kindern verständlich erklären? Gar nicht! Denn das ist eine gute Möglichkeit, die Kinder zum Nachdenken über Zeit und Zeitbegriffe herauszufordern, zum Beispiel, indem man sich lautstark über diese Tatsache wundert und dann die Kinder nach einer Erklärung suchen lässt.

Nacht- und Schlafenszeit

Was ein Tag ist, wissen die Kinder: Es ist die Zeit, in der sie wach sind und spielen (▶ S. 14).
Die Nachtzeit werden die Kinder vielleicht so beschreiben: Es ist die Zeit, in der es dunkel ist und alle schlafen.
Diese Aussage stimmt – und stimmt auch nicht. Denn zur Sommerzeit ist es lange hell, auch dann noch, wenn Kinder längst schlafen. Und im Winter ist es bereits dunkel, obgleich die Kinder noch nicht einmal Abendbrot gegessen haben.
Wir brauchen eine weitere Differenzierung, um mit den Kindern über die Nachtzeit reden zu können. Es ist die Unterscheidung zwischen der Nacht- und Schlafenszeit: Nacht ist, wenn es dunkel ist. Mit Schlafenszeit meinen wir die Zeit, in der die Kinder schlafen sollen, egal ob es hell oder dunkel ist.

Abend und Nacht

Der Abend und die Nacht sind zwei weitere Begriffe für unterschiedliche Zeitabschnitte. Wir reden dann vom Abend, wenn der Tag vorüber ist, unabhängig davon, ob es dunkel geworden ist oder nicht. Wir wünschen uns gegenseitig einen „Guten Abend“ und meinen damit die Zeit nach der Arbeit. Und eine „Gute Nacht“ wünschen wir einander, wenn wir zu Bett gehen, meist verbunden mit dem Wunsch „Träum 'was Schönes!“.
Mit Feierabend meinen wir die Zeit nach der Arbeit. Das heißt nicht, dass dann das große Feiern beginnt, sondern dass die Menschen jetzt ihre Arbeit für den Tag beenden und nach Hause gehen. Für viele beginnt sogar eine weitere Arbeit, die Hausarbeit oder eine Heimarbeit, aber das ist eine andere Sache.

Information für die Kinder

Der Abend ist die Zeit, in der die meisten Geschäfte und Büros schließen, die meisten Erwachsenen von ihrer Arbeit nach Hause kommen, das Abendessen auf dem Tisch steht, im Fernsehen die Abendschau beginnt und kurze Zeit später die Kinder ins Bett gehen.
Die Nacht ist die Zeit, in der es draußen dunkel ist, die Straßenlaternen eingeschaltet werden und am Nachthimmel Mond und Sterne zu sehen sind.

Kasperl wünscht eine gute Nacht!

(Sprechvers + Spiel)

Ein Spiel für die Kleinen, um das Abendthema am Tag anzusprechen. Für den Sprechvers gibt es eine einfache Bastelarbeit, die kleine Kinder selber ausführen können.

Schau, das ist das Kasperlhaus!
Guckt ein kleiner Kaserl 'raus.
Jetzt macht er die Läden zu.
Gute Nacht! Er geht zur Ruh'.

Alter: ab 3 Jahren
Material: quadratisches Origami-Papier, Buntstifte

Das Papier an zwei Ecken einknicken, sodass eine Spitze entsteht. Das ist das Hausdach.
Das gefaltete Papier jetzt wie ein Haus anmalen.
Die beiden eingeknickten Seiten wieder öffnen und an diese Stelle ein Fenster malen, aus dem ein Kasper herausschaut.
Werden die beiden Ecken wieder umgeknickt, verschwindet der Kasper. Daraus entsteht dieses Spiel:

1. Zeile des Spielverses: Die beiden Ecken, die das spitze Dach bilden, aufklappen.
2. Zeile: Der Kasper ist jetzt zu sehen.
3. Zeile: Die Ecken wieder einklappen, sodass nur noch das Dach zu sehen ist.
4. Zeile: Der Kasper ist verschwunden und schläft, was am kräftigen Schnarchen zu erkennen ist.

Nachtgeschichten und Nachtbilder (Gespräch)

Den Abend kennen die Kinder. Zu dieser Zeit sind sie putzmunter und wollen noch lange nichts vom Ins-Bett-gehen hören. Doch kennen die Kinder auch die Nacht? Bei dem Spiel werden sie auf diese geheimnisvolle Zeit aufmerksam gemacht.

Alter: ab 4 Jahren
Material: Ball, Malfarben, Malblätter, nachtblauer Karton oder Stoff

Die Kinder treffen sich zum Geschichten-Erzählen in der gemütlichen Kuschelecke. Wenn möglich, werden Vorhänge zugezogen, um das Tageslicht auszusperren und ein bisschen Nachtstimmung in den Raum zu zaubern.
Zur Einstimmung hören die Kinder Beispiele, was in der Nacht alles los ist (▶ S. 18, ‚Abend und Nacht'). Dann übernehmen sie das Gespräch. Wer etwas zu erzählen weiß, bekommt den Ball zugerollt. Es wird Geschichten von Tieren geben, die nachts munter werden. Denn wer eine Katze zu Hause hat, weiß davon zu berichten. Es wird auch Phantasiegeschichten von Gespenstern, Räubern und Traumgestalten geben.
Die Nacht-Geschichten, die den Kindern am besten gefallen, malen sie als Bilder.
Alle Nachtbilder auf einer mit nachtblauem Karton oder Stoff verhängten Wand befestigen.

Tipp
Wenn die Geschichten zu düster und unheimlich werden, sollte der Erwachsene eingreifen und andere Themen ansprechen, z. B. von Menschen erzählen, die nachts arbeiten, oder von Kindern, die nachts im Bett liegen, mit dem Schmusetier im Arm und den schönsten Träumen im Kopf.

Übergangszeiten

Mit Tag, Abend und Nacht sind noch nicht alle Wörter genannt, die wir zur Beschreibung eines Tagesverlaufs einsetzen. Es gibt noch mehr Wörter und spezielle Begriffe, mit denen die unterschiedlichsten Zeitabschnitte des Tages beschrieben und auseinander gehalten werden:

- Morgenfrühe
- Vormittag
- Mittag
- Nachmittag
- früher Nachmittag
- später Nachmittag
- Abend
- Dämmerstunde
- Nacht
- tief in der Nacht
- Mitternacht

Kennst du diese Tageszeit? (Spiel)

Die Kinder unterhalten sich über die unterschiedlichen Tageszeiten und beschreiben diese mit Beispielen. So lernen sie, einen Tagesverlauf differenzierter wahrzunehmen.

Alter: ab 5 Jahren

Die Kinder hören einen Begriff aus der Liste der Tageszeiten (s. o.), erklären das Wort und versuchen zu begründen, warum es so heißt.
Nur wenn die Begriffsbestimmung nicht richtig ist, sollte sie ergänzt oder korrigiert werden.

Jetzt

Die Zeit existiert in Wirklichkeit gar nicht.
Was wirklich existiert,
erleben wir im Augenblick.

Wann ist jetzt?

Wenn wir „jetzt“ sagen, meinen wir den Moment, den Augenblick, die Gegenwart. Die Zeitgrenzen des Jetzt sind schwierig zu beschreiben. Das Jetzt schiebt sich zwischen das Vorher und Hinterher (▶ S. 22), steckt zwischen dem Zuerst und dem Danach. Es ist genau ein Zeitpunkt.
Kinder leben mit ihrer Aufmerksamkeit in der Gegenwart, im Hier und Jetzt. Während sich das „Hier“ auf den Raum bezieht, in dem sich ein Kind befindet, ist mit dem „Jetzt“ die Gegenwart gemeint, z. B. das Spiel, das es gerade spielt. Dieses Verhalten ist typisch für Kinder. Hingegen ist typisch für Erwachsene, dass sie mit ihren Gedanken woanders sind. Unsere Gedanken eilen viel zu oft in die Zukunft, z. B. wenn wir überlegen, was demnächst alles gemacht werden muss oder geschehen soll. Unsere Gedanken stecken auch viel zu häufig in der Vergangenheit fest, z. B. bei Problemen, die passiert sind und gelöst werden müssen. Wir sind selten mit unserer Wahrnehmung 100%ig präsent.

Jetzt-Sätze

Die Kinder erleben viele Situationen, in denen sie von den Erwachsenen Aussagen mit dem Wörtchen „jetzt“ hören:

- „Warte jetzt einen Augenblick!“
- „Jetzt habe ich keine Zeit!“
- „Jetzt mache ich etwas anderes!“
- „Jetzt können wir miteinander spielen!“
- „Kannst du mir jetzt helfen?“
- „Jetzt hat es geklingelt!“

Es macht Sinn, mit Kindern über diese Formulierungen zu reden, damit sie verstehen, was die Erwachsenen damit meinen.

Der Augenblick

Auch der Augenblick ist ein Ausdruck im Zeitpunkt des „Jetzt“. Das bildhafte Wort „Augenblick“ lässt sich viel anschaulicher erklären als das abstrakte Wort „jetzt“: Einmal mit den Augen zwinkern, schon ist der Augenblick da und auch vorbei!

Sofort und gleich

(Gespräch)

Es ist sinnvoll, auch über die Zeitaussagen „sofort“ und „gleich“ zu reden. Was verstehen Erwachsene darunter und was Kinder? Ganz sicher nicht immer dasselbe! Bei diesem Gespräch tauschen die Kinder ihre Erfahrungen und Meinungen dazu aus. Und danach wird den Kindern eines klar sein: Sie müssen manchmal nachfragen, was der andere unter „sofort“ oder „gleich“ versteht.

Alter: ab 4 Jahren

Wer mitmachen will, kommt in die gemütliche Sitzecke. Die Gesprächsgruppe sollte nicht zu groß sein, damit alle mitreden können.

Die Kinder hören Sätze mit den unterschiedlichsten Wörtern, die ersatzweise für den Begriff „jetzt" benutzt werden, z. B.:

- sofort
- schleunigst
- ruck-zuck
- schnell
- gleich
- flugs
- eben mal

Die Kinder erklären die Sätze selber. Wer es versuchen will, darf loslegen. Wer anderer Meinung ist, sagt und erläutert es danach. Wer nichts sagen will, hört einfach zu.

Vorher und nachher

„Vorher" und „nachher" sind Wörter, genannt Präpositionen der Zeit, mit denen eine zeitliche Reihenfolge beschrieben wird. Wir haben noch mehr Wörter dieser Art:

- zuerst
- vorweg
- als Erstes
- danach
- dann
- hinterher
- anschließend

Im Spiel lassen sich diese Begriffe einfach und gut erklären, weil dabei die Aussagen selber erlebt und somit besser verstanden werden. Dazu das nachfolgende Spiel:

Dinge nacheinander tun
(Spiel)

Die Kinder lernen, dass sie Aktivitäten, die zeitlich nacheinander passieren, mit treffenden Wörtern beschreiben können. Diese Wörter bestimmen auch den Ablauf der Spielaufgaben, werden also „in die Tat" umgesetzt und damit begriffen.

Alter: ab 5 Jahren
Material: Das Material holen die Kinder selber, das gehört zum Spiel

Die Spielleitung nennt zwei oder drei Aufgaben, die ein Kind nacheinander ausführen soll. Bevor dieses damit loslegt, wiederholt es noch einmal sinngemäß die Aufgabe. Dabei achten alle anderen darauf, ob das Kind die Zeitwörter sinngemäß richtig einsetzt und die Aufgaben in der angegebenen Reihenfolge ausführt. Zum Schluss wird kräftig applaudiert.

Beispiele für Aufgaben mit zwei Handlungen:

- Gehe zuerst zum Fenster und danach zur Türe.
- Schaue einen Ring an und male danach diesen Ring.
- Klopfe zuerst mit der Hand auf den Tisch und stampfe anschließend mit den Füßen auf den Boden.

Beispiele für Aufgaben mit drei Handlungen:

- Nimm zuerst ein Papier, falte es dann und gib es anschließend einem anderen Kind in die Hand.
- Hole zwei Bauklötze, lege zuerst einen Bauklotz auf den Tisch, lege dann den anderen Bauklotz unter den Tisch.
- Stehe zuerst auf, klatsche dann in die Hände und gehe danach einen Schritt vorwärts.

Fotokarten-Legespiel

(Spiel)

Die Kinder lernen anschaulich mit ihrem selbst gebastelten Spiel, was unter einer zeitliche Abfolge zu verstehen ist.

Alter: ab 5 Jahren
Material: Fotoapparat, Filme, Karton, Schere, Klebstoff, Schminkfarben

Die Kinder überlegen sich Szenen und Spiele, von denen der Reihe nach Fotos gemacht werden. Die Fotos nimmt dann ein Erwachsener auf, z. B.:

- Turm mit Bauklötzen bauen: viele Bauklötze auf den Tisch legen, nach jedem Foto den Turm höher bauen
- Nach Hause gehen: Ein Kind zieht die Schuhe an, setzt sich dann die Mütze auf, zieht den Mantel an, öffnet die Eingangstüre, um hinauszugehen.
- Essen: Der Teller ist voll, und nach jeder Aufnahme wir etwas davon weggegessen, bis der Teller leer ist.
- Puppenstube: Ein Zimmer der Puppenstube wird zuerst leer geräumt, nach jedem Foto werden ein paar Puppenmöbel eingeräumt und Püppchen dazugestellt.

Am besten von jeder neuen Szene zwei Bilder zur Auswahl aufnehmen.
Von den entwickelten Fotos wählen die Kinder die besten Bilder aus und kleben sie auf Fotokarton, den sie in gleicher Größe der Fotos zurechtschneiden.

Spiel

Die Foto-Spielkarten bunt mischen. Die Spieler legen die Fotos der zeitlichen Reihe entsprechend nach aneinander.

Das Jahr

Etwa vor 5000 Jahren begannen die Menschen, sich Schriftzeichen, Ziffernsysteme und ein Gliederungssystem für die Zeit auszudenken. Die Babylonier waren vermutlich die ersten, die damit anfingen. Sie lebten in dem Land, das wir heue Irak nennen. Auch die Ägypter waren eifrig dabei, Zeichen für die Worte und Zahlen und ein System für die Aufteilung der Zeit zu erfinden.

Zeitsysteme

Darüber waren sich alle Gelehrten einig, die Zeit muss in drei unterschiedlichen Systemen erfasst werden:
Ein System, um einen Tag zu unterteilen. So wurde das Uhrensystem mit seinen vielen Stunden entwickelt.
Ein System, um ein Jahr aufzugliedern. So wurde das Kalendersystem mit mehreren Monaten festgelegt.
Ein System, um eine chronologische Zählung der Jahre durchzuführen und einen geschichtlichen Überblick zu bekommen. So wurden die so genannten Jahreszahlen bestimmt.
Anfangs haben die Menschen die drei Zeitsysteme unabhängig voneinander betrachtet, beschrieben und weiterentwickelt. Erst seit etwa 1000 Jahren gibt es ein einheitliches Zeitsystem, das Stunden, Tage und Jahre miteinander in Beziehung setzt und von allen Völkern in der ganzen Welt akzeptiert ist.

Das Mond-Jahr

Die Menschen beachteten zuerst den immer wiederkehrenden Wechsel von Tag und Nacht (▶ S. 11). Auch entdeckten sie, dass der Mond nicht wie die Sonne immer gleich aussieht, sondern in einer bestimmten Zeit und in einer auffälligen Regelmäßigkeit zu- und abnimmt. Deshalb wurde zuerst der Mond-Kalender als Zeitsystem entwickelt, mit einem Mond-Monat von 29 1/2 Tagen und einem Mond-Jahr mit 12 „Monden“, also 12 Mond-Monaten. Endlich waren Jahr und Tag festgelegt und es konnte mit einer chronologischen Zeitrechnung begonnen werden.

Das Sonnen-Jahr

Die Einteilung in das Mond-Jahr ging aber nicht auf, weil es nur 354 Tage hatte, und so nicht die ganze Zeit eines Jahres umspannte. Das sorgte für das reinste Durcheinander. Deshalb arbeiteten die Himmelsforscher weiter, beobachteten geduldig und lange und intensiv den Himmel, bis sie schließlich herausfanden, dass die Sonne genau nach 365 1/2 Tagen wieder an der gleichen Stelle am Himmel steht.
Dies erkannten die Menschen vor 4000 Jahren. Es dauerte allerdings noch Hunderte von Jahren, bis sie sich weltweit darauf einigten, die Zeiteinheiten nach der Sonne auszurichten. Und bis heute ist es dabei geblieben.

Den Mond beobachten

(Aktion)

Auch die Kinder beobachten den Mond einen Monat lang. Das ist für sie eine sehr lange Zeit. Doch weil diese Beobachtung täglich nur wenige Minuten in Anspruch nimmt, ist diese Aufgabe überschaubar. Danach haben die Kinder eine Ahnung davon, was es heißt, über Monate und Jahre den Mond zu beobachten, wie es die Gelehrten damals machten, um einen Kalender festzulegen.
Diese Aktion eignet sich nicht nur für die Winterzeit, wenn es früh dunkel wird. Denn der Mond ist immer wieder auch am hellen Tag am Himmel zu sehen. Die aktuellen Termine für Sonnen- und Mondaufgang stehen in den Tageszeitungen und in vielen Kalendern.

Alter: ab 5 Jahren
Material: Malstifte, Stecknadeln, Papier, Schere, Klebstoff
Dauer: 1 Monat

Die Kinder erfahren, wie die Gelehrten über Jahre hinweg bemüht waren, die Veränderungen des Mondes zu beobachten. Das probieren die Kinder auch einmal! Zwar nicht jahrelang, so doch versuchsweise einen ganzen Monat lang.
Jeder, der mitmachen möchte, bereitet seinen Beobachtungsbogen selber vor, schneidet das Papier in Streifen von ca. 12 cm Breite und klebt zwei oder drei Streifen zusammen.
Das Spiel kann jederzeit beginnen, nicht erst bei Vollmond.
Die Kinder schauen nach dem Mond, beachten vor allem seine Form und malen diese auf den Papierstreifen, einfach so, wie sie ihn gesehen haben. Jeden Tag malen die Kinder einen weiteren Mond daneben, immer genau so, wie sie ihn am Himmel sehen.
Nach einem Monat ist das Experiment zu Ende. Die Kinder vergleichen ihre Mondbilder und beschreiben, was sie beobachtet und gemalt haben.

Tipp

Wenn der Mond anfangs immer nur rund gemalt wird, macht das nichts. Die Kinder sollen selbst entdecken, wie sich die Form des Mondes am Himmel ändert. Und wenn eine gemalte Mondkugel eher einer Kartoffel ähnelt, weil das Kind noch keinen runden Mond malen kann, macht das auch nichts. Dann gleicht eben auch die Mondsichel einem Kartoffelschnitz. Doch das Kind hat alles selbst beobachtet und selbst gemalt, und nur darauf kommt es an!

Die Jahreszeiten

Wir teilen das Jahr in vier Jahreszeiten ein. Die Bezeichnungen Frühling, Sommer, Herbst und Winter sind den meisten Kindern bekannt.
Wie kommt es zu diesen Naturveränderungen im Laufe eines Jahres? Es ist der Wechsel von Temperatur, Regen und Wind, also der Klimawechsel, der die Veränderungen in der Natur auslöst, das Wachsen und Gedeihen der Pflanzen und das Verhalten der Tiere beeinflusst. Dieser Klimawechsel richtet sich nicht nach den Monaten, sondern schwankt erheblich. So kann schon mal im Frühling zur Osterzeit ein Schneesturm übers Land hinwegziehen und im Winter zur Weihnachtszeit warmes Frühlingswetter vorherrschen.

Wie viele Jahreszeiten gibt es?

Gibt es die vier Jahreszeiten überall auf der Welt? Nein, keineswegs! Dazu ein paar interessante Informationen aus anderen Ländern.
In den heißen Ländern **in der Nähe des Äquators** wird nur zwischen einer etwas wärmeren und einer etwas kälteren Jahreszeit unterschieden. Der Urwald dort ist immer grün. Es gibt weder einen Herbst mit bunten Blättern, noch einen Winter mit kahlen Laubbäumen und Schnee.
In Australien kennen die Menschen nur die trockene und die feuchte Jahreszeit.
In Ägypten gibt es drei Jahreszeiten. Dort beeinflusst der Nil mit seinen Überschwemmungen das Klima. Pünktlich im Juni beginnt sein Wasserpegel zu steigen und transportiert fruchtbare Schlamm-Massen mit sich, die er über Äcker und Wiesen verteilt. Im Oktober erreicht die Wasserflut ihren Höchststand. Im Mai ist der Wasserstand wieder am tiefsten. Je nach Wasserstand können die Bauern ihre Felder bestellen. Deshalb gibt es in Ägypten drei Jahreszeiten mit jeweils vier Monaten: Die Zeit der Überschwemmung, die Zeit der Saat und die Zeit der Ernte.
In Indien gibt es im Verlauf eines Jahres einen so starken Klimawechsel, dass das zu sechs Jahreszeiten führt: den Sommer, die Regenzeit, den Herbst, den Winter, die Tauzeit und den Frühling.
In Griechenland wurde das Jahr zuerst in zwei, dann in fünf und dann in sieben Jahreszeiten unterteilt. Heute gibt es die gleichen vier Jahreszeiten wie in ganz Europa.

Unsere vier Jahreszeiten

Nirgendwo auf der Welt ist der Wechsel der Jahreszeiten so eindrucksvoll wie in Europa, genauer gesagt in Mitteleuropa. Diese vier Jahreszeiten sind in ihrer Folge einmalig und etwas Besonderes. Denn alle vier Jahreszeiten unterscheiden sich auffallend voneinander.
Die Zeitspanne von drei Monaten ist eher zufällig gewählt und nicht den Naturbeobachtungen zuzuschreiben, ebenso die Anfangstage der vier Jahreszeiten:

Frühlingsanfang	21. März
Sommeranfang	21. Juni
Herbstanfang	23. September
Winteranfang	21. Dezember

Die Festlegung dieser Tage erfolgt nach dem Stand der Sonne. Genauer gesagt: Am Frühlings- und Herbstanfang sind die helle Tageszeit und die dunkle Nachtzeit gleich lang. Beim Sommeranfang ist das Tageslicht am längsten, beim Winteranfang die nächtliche Dunkelheit.

Jahreszeiten und Klimaveränderungen

In letzter Zeit scheint sich bei den Jahreszeiten einiges zu verändern. Ein Vorbote einer dauerhaften Klimaveränderung? Wir beobachten, dass die Erde sich immer mehr aufwärmt, dass Eis an den Polen schmilzt, der Meeresspiegel steigt, die Sandwüsten sich ausbreiten und Wirbelstürme, Überschwemmungen und Hitzewellen heftiger werden. Diese Klimaveränderungen werden langfristig auch unsere Jahreszeiten betreffen.

Wer kennt die Jahreszeiten? (Spiel)

Was wissen die Kinder über die Jahreszeiten? Welche Unterschiede bei den Jahreszeiten nehmen sie wahr? Welche typischen Erlebnisse haben sie im Frühling, Sommer, Herbst und Winter? Darüber denken die Kinder bei diesem Spiel nach.

Alter: ab 3 Jahren
Material: verschiedene Gegenstände, Spielsachen oder Kleidungen, typisch und passend zu den unterschiedlichen Jahreszeiten, z. B. Badehose, Winterpullover, Schlitten, Schwimmflügel
Vorbereitung: In einem Aushang oder Rundschreiben die Eltern um Kleider, Spiel- und Sportsachen bitten. Die ausgeliehenen Stücke mit beschrifteten Aufkleber versehen, damit die Familien ihre Stücke wieder zurückbekommen.

Die Spielleitung hält einen Gegenstand hoch und fragt: „Wer weiß, in welcher Jahreszeit ihr so einen Pullover braucht?" Oder: „Zu welcher Jahreszeit spielt ihr damit?"
Die Kinder tragen zusammen, was sie wissen. Jedes Kind sagt einfach, was ihm dabei einfällt.
Eine Chronologie der Jahreszeiten ist dabei nicht wichtig.
Zum Schluss werden vier Kinder ausgesucht, die sich von den anderen mit allen Sachen, die für das Spiel zusammengetragen wurden, zu Frühling-, Sommer-, Herbst- und Winterkindern ausstaffieren lassen.

Es war eine Mutter (Spiellied)

In diesem altbekannten Kinderlied werden die vier europäischen Jahreszeiten mit typischen Naturbeschreibungen dargestellt. Nacheinander und in richtiger Reihenfolge treten die Jahreszeiten-Kinder auf und veranschaulichen mit der letzten Strophe den sich immer wiederholenden Jahres-Reigen unserer Jahreszeiten. Ein Singspiel, das zugleich ein Lernspiel ist.

1. Es war eine Mutter,
die hatte vier Kinder,
den Frühling, den Sommer,
den Herbst und den Winter.

2. Der Frühling bringt Blumen,
der Sommer den Klee,
der Herbst, der bringt Trauben,
der Winter den Schnee.

3. Und wie sie sich schwingen
in lustigen Reih'n,
so tanzen und singen
wir fröhlich darein.

Alter: ab 3 Jahren
Material: Verkleidungen, Bastelsachen für Requisiten
Vorbereitung: Die Kinder lernen das Lied kennen und überlegen gemeinsam, wie die vier Jahreszeitenkinder verkleidet, mit Kopfbedeckungen geschmückt und mit weiteren Requisiten ausgestattet werden. Dazu eine Spielidee:

1. Strophe
Die Jahresmutter tritt auf und winkt der Reihe nach ihre vier Jahreszeitenkinder herbei.

2. Strophe
Die Jahreszeitenkinder treten vor, wenn sie im Liedtext genannt werden, und zeigen etwas Typisches aus ihrer Jahreszeit.

3. Strophe
Die Jahresmutter und die Jahreszeitenkinder fassen sich an den Händen und tanzen im Kreis.

Vier-Jahreszeiten-Galerie (Aktion)

Es gibt viele Aspekte, die Unterschiede und Besonderheiten der Jahreszeiten zu beschreiben. Diese Aktion kann eine Woche dauern, täglich wird ein anderer Schwerpunkt beachtet.

Alter: ab 5 Jahren
Material: je nach Thema unterschiedlich, also Kleider, Spielsachen, Abbildungen von Kalendern, Reiseprospekten, Zeitschriften oder selbst gemalte Bilder
Vorbereitung: Alle vier Wände im Gruppenraum frei räumen

Der Gruppenraum wird zur Galerie. Jede Wand wird einer Jahreszeit zugeordnet und nach und nach mit Bildern, Collagen, Bastelsachen, Kleidungsstücken und Spielsachen der Kinder behängt und voll gestellt. Jeden Tag kommt etwas Neues hinzu. Nach einer Woche zeigen die vier Wände eine „Galerie der vier Jahreszeiten".

Die Kinder bilden jeweils vier Gruppen. Jedes Kind entscheidet sich pro Thema für eine Jahreszeit.
Eine Woche lang arbeiten die Kinder an ihrer Jahreszeiten-Galerie. Jeden Tag besprechen sie ein Thema (Beispiele siehe unten) und überlegen, was sie zur Gestaltung der Jahreszeiten-Wände beitragen können. Mögliche Aktivitäten der Kinder sind: Malen, basteln, Collagen kleben aus Bildern von Zeitschriften und Reisekatalogen oder passende Sachen von zu Hause mitbringen.
Nachfolgend ein paar Beispiele für die Themen:

Welche Kleidung ziehen wir an?

- **Im Frühling** tragen wir Jacken, lange Hosen und lange Strümpfe.
- **Im Sommer** reicht ein T-Shirt, kurze Hosen oder Röcke und leichte Sandalen.
- **Im Herbst** schützt ein Anorak vor Wind und Regen.
- **Im Winter** brauchen wir warme Mäntel, Mützen, Handschuhe und hohe Stiefel.

Wie verändert sich die Natur?

- **Im Frühling** werden die Wiesen grün, die ersten kleinen Blumen kommen hervor, die Vögel singen und bauen ihre Nester.
- **Im Sommer** weiden Kühe auf den Wiesen, das Getreide wächst auf den Feldern, die Gärten sind mit leuchtend bunten Blumen und Stauden geschmückt, die Beerenbüsche können geerntet werden.
- **Im Herbst** färben sich Blätter bunt, die Felder werden abgeerntet, an den Obstbäumen hängen Früchte, die Vögel sammeln sich für ihren Flug in wärmere Länder.
- **Im Winter** frieren die Seen zu Eis, die Laubbäume sind kahl, Schnee liegt auf Feldern und Wiesen.

Was spielen wir draußen?

- **Im Frühling** können die Kinder endlich wieder draußen sein, Hüpfseil springen, im Sandkasten Burgen bauen und Ball spielen.
- **Im Sommer** gehen sie baden, bauen sich Baumhütten oder stellen schattige Zelte auf.
- **Im Herbst** lassen sie Drachen steigen und hängen Windspiele auf.
- **Im Winter** bauen sie Schneemänner, laufen Schlittschuh, fahren Schlitten oder Ski.

Im Winter Sommerferien machen

Wie sollen wir Kindern die Jahreszeiten beschreiben, wenn diese eine Sommer- oder Winterzeit in ihrer Umgebung ganz anders erleben? Da fährt die Familie in den Winterferien in den Süden, ans Meer zum Baden. Im Sommer ist Skifahren auf dem Gletscher der Renner. Im Winter gehen die Familien ins Hallenbad zum Schwimmen. Im Sommer gibt es für Kinder Rodelbahnen mit Schlittenrutschen. Im Winter essen sie Eis und Erdbeeren, im Frühling Äpfel und Pfirsiche, im Sommer Orangen und Nüsse, im Herbst Kiwis und Heidelbeeren. Und im Supermarkt gibt es jederzeit alles.

Auch richtige Kälte und große Hitze kennen viele Kinder nicht. Im Sommer werden mit Kühlanlagen die Räume heruntergekühlt und im Winter so aufgeheizt, dass die Kinder in T-Shirts herumspringen. Und in den Autos sorgen Heizung und Klimaanlage für einen Temperaturausgleich, wie es so schön heißt.

Sogar in die Naturerscheinungen der Jahreszeiten greifen die Menschen mit ihren Erfindungen ein: Künstliche Blumen blühen das ganze Jahr über, künstliche Bäume zieren Eingangshallen, künstlicher Schnee muss auf die Skipisten, wenn der natürliche Schnee ausbleibt, auf der Kunsteisbahn kann das ganze Jahr über Schlittschuh gelaufen werden und in Sonnenstudios können wir das ganze Jahr über die Haut sommersonnenbraun bräunen lassen.

Verständlich, dass deshalb viele Kinder zum Thema Jahreszeiten mit seinen Besonderheiten nicht viel sagen können. Es ist doch alles immer da und das ganze Jahr über zu sehen!

Mit den Kindern Jahreszeiten erleben

(Aktion)

Es macht Sinn, mit den Eltern zu sprechen und sie für die Idee zu gewinnen, gemeinsam mit ihren Kindern die Unterschiede der vier Jahreszeiten ein Jahr lang bewusst zu erleben, mit zur Jahreszeit passenden Ausflügen, mit jahreszeitlich typischen Speisen, mit Spielen und Aktivitäten, die wirklich zur Jahreszeit passen. Wenn die Eltern sich dafür begeistern lassen, könnte ein regelmäßiges Treffen vorgeschlagen werden, wo die Familien ihre Erfahrungen und Tipps austauschen und neue Idee für besondere, vielleicht auch gemeinsame Aktionen miteinander entwickeln.

Wochenspaziergang

(Aktion)

Diese Aktion erstreckt sich über ein ganzes Jahr: Einmal pro Woche, immer am gleichen Wochentag, machen die Kinder einen Spaziergang, erleben Sonne, Wind und Wetter und betrachten die jahreszeitlichen Veränderungen der Natur. Dies ist eine einzigartige Chance für die Kinder, die Unterschiede der vier Jahreszeiten mit allen Sinnen wahrzunehmen.

Alter: ab 3 Jahren
Material: jahreszeitlich passende Kleidung
Vorbereitung: In einem Rundschreiben die Eltern darüber informieren, dass ab einem bestimmten Termin dieser wöchentliche Spaziergang auf dem Programm steht. Die Eltern werden gebeten, den Kindern je nach Wetter geeignete Kleidung für den Spaziergang mitzugeben. An den Kleiderhaken der Kinder hängen also zukünftig je nach Jahreszeit Regen- oder Winterjacken, samt Gummistiefeln, festen Schuhen oder leichten Sandalen.

Auch die Kinder über dieses große Projekt informieren, damit sie wissen, an welchem Wochentag der Spaziergang immer zur gleichen Zeit stattfindet. Die Kinder achten selbstständig auf ihre Kleidung und ziehen selber ihre fürs Wetter passenden Jacken und Schuhe an.
Dann kann's losgehen.

Tipp

Ob die Kinder nun eine halbe oder eine ganze Stunde unterwegs sind, kommt auf die örtliche Umgebung und das Alter der Kinder an. Es sollte immer die gleiche Wegstrecke sein. Denn es gilt, neben dem unterschiedlichen Wetter auch die Veränderungen draußen in der Natur zu erleben und vergleichen zu können.

Erzähl mir was vom Sommer

(Gespräch)

Kinder erinnern sich an Besonderheiten der Jahreszeiten, die sie selbst erlebt haben und die ihnen wichtig sind. Die älteren Kinder werden mehr zu erzählen haben. Wen wundert's, sie haben schließlich schon mehrmals den Wechsel der Jahreszeiten erlebt. Die jüngeren Kinder werden zuhören und lernen, was sie bei den Jahreszeiten alles erleben und bemerken können.

Alter: ab 3 Jahren

Wer mitmachen will, kommt in die Kuschelecke, wo es so gemütlich ist zum Erzählen und zum Zuhören. Am besten ist es, der Erwachsene beginnt mit einer Geschichte. Kurz soll sie sein und über etwas Typisches zu einer Jahreszeit informieren. Dann werden die Kinder gefragt, wer von ihnen auch etwas von einer Jahreszeit erzählen kann.
Bevor ein Kind erzählt, muss es den anderen ankündigen, von welcher Jahreszeit es berichten will, z. B.: „Ich erzähle etwas vom Sommer. Da war es sehr heiß, wir gingen spazieren und ich hatte eine Tafel Schokolade in der Hand …"

Variante

Nach einer Weile kann ein Ratespiel daraus werden: Ein Kind erzählt etwas und die anderen raten, in welcher Jahreszeit diese Geschichte passierte.
So könnten diese Geschichten beginnen:

- Es war kalt und ich ging Schlittenfahren …
- Ich baute mit Papa einen Schneemann …
- Ich versteckte Ostereier für Oma…
- Es war sehr heiß und wir gingen ins Freibad …
- Es war windig und mein Bruder und ich ließen Drachen steigen …
- Ich half dem Nachbarn beim Äpfel ernten

Die Monate

Die Urzeit-Menschen unterschieden recht bald Jahr und Tag. Wann ein Jahr verging, konnten sie nach dem Sonnenstand bestimmen. Und ein Tag war vorbei, wenn nach der Dunkelheit wieder das Sonnenlicht erschien. Doch der Zeitraum von einem Tag war zu kurz für langfristige Pläne, und die Zeitspanne von einem Jahr war zu lang. Da mussten weitere Unterteilungen für das Jahr her. So erfanden die Menschen die Monate und einigten sich darauf, dass ein Jahr 12 Monate enthalten soll (genauere Informationen darüber siehe weiter unten). Die Monate erhielten auch besondere Namen, die entweder den Göttern gewidmet waren, oder die Natur zu dieser Monatszeit beschrieben oder einfach die Nummer der Monats-Reihenfolge angaben.

Die Monatsnamen

Januar heißt der erste Monat im Jahr, genannt nach Janus, dem altrömischen Gott des Eingangs mit seinen zwei Gesichtern. Im altrömischen Kalender, der bis 154 v. Chr. galt, war dies der 11. Monat im Jahr. Mit dem Julianischen Kalender ab 45 v. Chr. wurde der Januar der erste Monat des Jahres. Welcher Monat zwischen diesen beiden Zeitangaben als erster Monat im Jahr galt, ist unklar.

Februar ist der zweite Monat im Jahr. Im altrömischen Kalender war dies der letzte Monat im Jahr, in dem besondere Reinigungsriten stattfanden. Reinigen heißt auf lateinisch „februare“, daraus entstand der Februar.

März heißt der dritte Monat im Jahr. Sein Name leitet sich von dem Ausdruck „Martius mensis“ ab, das „dem Mars heilig“ bedeutet. Es ist also der Monat des Kriegsgottes Mars.

April ist der vierte Monat. Man vermutet, dass der April nach der griechischen Liebesgöttin Aphrodite benannt ist. Andere sehen in dem Namen April eine Verbindung mit dem lateinischen Wort „aperire“, das heißt „sich öffnen“. Es ist die Erde, die sich in diesem Monat öffnet und die Pflanzen sprießen und wachsen lässt.

Mai heißt der fünfte Monat. Auch hier gibt es zwei Auffassungen über die Herkunft des Namens: Die einen sagen, der Monatsname stamme von dem Ausdruck „Juppiter Maius“ ab, was „wachstumbringender Jupiter“ heißt. Jupiter war für die Römer der mächtigste Gott. Die anderen meinen, dass der Monat nach der römischen Göttin Maja, der Göttin des Erdwachstums, benannt wird.

Juni ist nach der römischen Göttin Juno, der Göttin der Ehe, benannt.

Juli ist der siebte Monat. Er ist nach Gajus Julius Cäsar benannt. Die lateinische Bezeichnung „Cäsar“ heißt so viel wie „Kaiser“.

August heißt der achte Monat. Er trägt den Namen des römischen Kaisers Augustus, dem Stiefsohn von Gajus Julius Cäsar. Weil Kaiser Augustus den Römern ebenso wichtig war wie Cäsar, musste dieser Monat ebenso viele Tage wie Cäsars Monat Juli haben, nämlich 31 Tage.

September ist der neunte Monat. Als der altrömische Kalender noch mit dem März begann, war der September der siebte Monat, was auf lateinisch „mensis september“ heißt. So kam der Monat zu seinem Namen.

Oktober heißt der zehnte Monat. Im altrömischen Kalender war dies der achte Monat. Das lateinische Wort „octavus“ heißt zu deutsch „der achte“. So bekam der Monat seinen Namen.

November ist der elfte Monat. Es ist im altrömischen Kalender der neunte Monat, und neun heißt auf lateinisch „novem“. Daraus entstand der Monatsnamen November.
Dezember heißt der zwölfte Monat im Jahr. Auch dieser Monat erhielt seinen Namen aus der Reihenfolge der Monate im altrömischen Kalender, denn zehn heißt auf lateinisch „decem“.

Andere Monatsnamen

In anderen Völkern hatten und haben die Monatsnamen sehr anschauliche und phantasievoll klingende Namen. Hier zwei Beispiele, die auch den Kinder gefallen, wenn sie davon hören.
Bei den alten Germanen hießen die Monate

- Januar Schneemond
- Februar Hornung
- März Lenzmond
- April Ostermond
- Mai Wonnemond
- Juni Brachmond
- Juli Neumond
- August Erntemond
- September Herbstmond
- Oktober Weinmond
- November Nebelmond
- Dezember Christmond

Monatsbilder

Seit dem Altertum gibt es so genannte Monatsbilder. Sie zeigen Menschen bei ihren unterschiedlichen Arbeiten, die sie in den entsprechenden Monaten ausführen. Die Themen dieser Monatsbilder sind genau festgelegt und auf vielen Kunstwerken zu entdecken:

- Januar Szene beim Essen
- Februar Szene mit Feuerstelle oder Ofenwärme
- März erste Feldarbeit
- April Person mit Blumenstrauß
- Mai Liebesszene
- Juni Felder werden gepflügt
- Juli Heuernte
- August Getreideernte
- September Weinlese
- Oktober Aussaat
- November Holz hacken oder Schweinemast
- Dezember ein Schwein wird geschlachtet

Die Monatsliste

(Malaktion)

So, wie im Altertum die Monate mit einem Bild dargestellt wurden, wählen auch die Kinder typische Motive für die jeweiligen Monate aus und zeichnen sie auf. Dabei lernen sie die Monatsnamen und ihre Reihenfolge.

Alter: ab 6 Jahren
Material: Plakat, dicke Malkreide

Das Plakat an einer Wand befestigen.
Links an den Rand die Zahlen 1 – 12 untereinander schreiben.
Das Spiel beginnt mit der Frage: „Wer kennt einen Monatsnamen?"
Die Kinder werden durcheinander rufen, jeder vielleicht seinen Geburtstags-Monat nennen. Der Erwachsene schreibt die Monate an den richtigen Listenplatz.

Die Kinder zählen auf, was ihrer Meinung nach das Besondere eines Monats ist, und denken sich dazu ein Zeichen, ein Symbol oder ein Bildmotiv aus, das jeweils hinter die Monatsnamen auf dem Poster gezeichnet wird.

So könnte die Liste aussehen:

1	Januar	Schneemann
2	Februar	Winterstiefel
3	März	Krokusse
4	April	Vogel
5	Mai	Blatt
6	Juni	Sand-Schaufel
7	Juli	Sonne
8	August	Schiff
9	September	Apfel
10	Oktober	Drachen
11	November	Regenschirm
12	Dezember	Tannenzweig mit Kerze

Tipp
Bei diesem Spiel werden die Fest- und Feiertage wie Fasching, Ostern oder Weihnachten nicht genannt, denn dazu gibt es extra Spiele (▶ S. 54 ff.).

Wie lange dauert ein Monat?

Als die Menschen die Monate erfanden, orientierten sie sich anfangs nach dem Mond. Immer dann, wenn Vollmond war, begann für sie ein neuer Monat. Bei Neumond war der halbe Monat vorbei, bei abnehmendem Halbmond ein Viertel-Monat, bei zunehmendem Halbmond ein dreiviertel Monat. Der Zeitanzeiger des Monats war also der Mond.
Die Babylonier konnten damals auch die Dauer eines Mond-Monats mit 29,53 Tage errechnen. Später bestimmten sie die Monatszeit noch genauer, und zwar mit 29 Tage, 12 Stunden, 44 Minuten und 3 1/2 Sekunden.
Die alten Griechen teilten das Jahr anders ein: Sechs Monate mit jeweils 30 Tagen und sechs Monate mit jeweils 28 Tagen.

Schaltmonat und Schaltjahr

Die Babylonier fanden zuerst heraus, dass ein Sonnenjahr 365 Tage hat, ihre Jahreseinteilung mit den 12 Monaten aber nur auf 354 Tage kam. So beschlossen sie, in jedem zweiten Jahr einen extra Monat von 30 Tagen einzuschieben. Weil er zwischengeschaltet wurde, hieß er Schaltmonat.
Doch diese Zeitrechnung ging nicht auf. Deshalb versuchten die alten Griechen, eine andere Einteilung des Jahres herauszufinden, kamen aber auf keine nennenswerten Ergebnisse. Danach machten sich die Römer an diese Arbeit. Und schließlich war es Julius Cäsar, der im Jahr 47 v. Chr. mit seinem „julianischen Kalender“ festlegte, dass alle vier Jahre ein Schaltjahr ist und dann im Februar ein zusätzlicher Tag eingefügt werden soll, der Schalttag.
Noch immer war das keine zufrieden stellende Lösung, denn mit den Jahren stimmten die Kalenderzeit und das Sonnenjahr nicht mehr überein. So wurde im 16. Jahrhundert festgestellt, dass das Jahr bereits um 10 Tage vorging. Warum das? Einfach deshalb, weil das julianische Kalenderjahr um 11 Minuten und 12 Sekunden schneller ging als das natürliche Sonnenjahr.
Um den Kalender wieder in Ordnung zu bringen, entschied 1582 Papst Gregor XIII., dass die überstehenden 10 Tage einfach gestrichen werden und ließ deshalb die Tage zwischen dem 5. und 14. Oktober ausfallen. Zudem ordnete er an, dass bei einem vollen Jahrhundert das Schaltjahr dann entfällt, wenn sich die Jahreszahl nicht durch vier teilen lässt.
Diese Zeiteinteilung des so genannten „gregorianischen Kalenders“ ist heute noch gültig.

Der 29. Februar

Alle vier Jahre gibt es also ein Schaltjahr, das mit 366 Tagen einen Tag mehr als ein normales Jahr hat. Dieser Tag wird als Schalttag am Ende des Monats Februar angehängt. Folglich hat in einem Schaltjahr der Februar nicht 28, sondern 29 Tage.
Und so können die Geburtstagskinder vom 29. Februar ihren echten Geburtstag nur alle vier Jahre feiern. Kein Grund zum Bedauern, im Gegenteil, der 29. Februar ist etwas ganz Besonderes, wenn man bedenkt, dass der Schalttag nach jahrtausendelangen Beobachtungen und Hochrechnungen extra eingerichtet worden ist.

Die Monate sind unterschiedlich lang

Heute wissen wir es ganz genau: Ein Mondumlauf dauert 29 Tage, 12 Stunden, 44 Minuten und 2,9 Sekunden. Eine recht schräge Zeitspanne, um danach einen Monat als gleichmäßige Zeiteinheit festzulegen. Deshalb blieb es bis heute bei den alten Monaten aus alten Zeiten.
Interessanterweise wurde letztmalig im letzten Jahrhundert versucht, eine moderne Zeiteinteilung für den Jahresablauf im Zehnersystem aufzustellen. Es ist nicht geglückt. Die Menschen wollten einfach ihre gewohnten zwölf Monate mit den unterschiedlichen Zeitlängen behalten.
Und so kommt es, dass die Zeiteinteilung für ein Jahr heute noch ein kleines Durcheinander aufweist. Mal hat ein Monat 31 Tage, mal 30 Tage, mal 28 Tage und dann wieder 29 Tage.
Statistisch gesehen sieht das Jahr, aufgeteilt in Monate, wie folgt aus:

- 7 Monate mit 31 Tagen
- 4 Monate mit 30 Tagen
- 1 Monat mit 28 Tagen, der alle vier Jahre einen Tag dazubekommt und dann 29 Tage hat.

Wie können wir das den Kindern erklären? Gar nicht! Aber davon erzählen können wir allemal.

Die Tage der Monate zählen (Spiel)

Die Tatsache, dass nicht jeder Monat gleich viele Tage hat, sollte vorher nicht verraten werden. Die Kinder entdecken selbst dieses Durcheinander der Monatslängen, indem sie die Tage zählen, in Monatslisten eintragen und vergleichen.

Alter: ab 7 Jahren (für Kinder, die lesen, schreiben und bis 31 zählen können)
Material: alte und neue Kalender mit Monatsblättern, Papier und Schreibzeug

Jeweils zwei Kinder setzen sich zusammen, holen Papier und Schreibzeug und suchen sich einen Kalender aus. Die Aufgabe ist, eine Liste von den Monaten und der Anzahl der Tage pro Monat anzufertigen. Nach Abschluss der Arbeit wird verglichen. Wer hat die Aufgabe richtig gelöst?

Der erste Monat

Ein Jahr braucht einen Anfang und ein Ende, damit die Jahre durchgezählt und mit Jahreszahlen versehen werden können. Darüber waren sich die Menschen einig. Doch sie konnten sich nicht so schnell darüber verständigen, wann der Zeitpunkt für den Jahresanfang oder das Jahresende ist.

Die Babylonier feierten den 20. März, also den ersten Frühlingstag, als Neujahrstag, weil an diesem Tag die Tages- und Nachtstunden gleich lang sind. Die alten Römer wählten auch den März als ersten Monat des Jahres. Erst im julianischen Kalender wurde der Januar als erster Monat festgelegt.

Die Ägypter setzten den Jahresanfang in den Juli, weil zu dieser Zeit die Flutwelle des Nils beginnt. Gleichzeitig erscheint Sirius wieder, der hellste Fixstern am Himmel, nachdem er monatelang nicht zu sehen war.

In Europa fängt das neue Jahr mitten im Winter an: am 1. Januar. Warum das so ist, weiß keiner. Dieser Tag hat auch keinen besonders phantasievollen Namen. Er heißt einfach Neujahrstag. Hingegen ist der letzte Tag im Jahr „Silvester" nach dem Tagesheiligen Papst Silvester I genannt. In der Silvesternacht, genau um Mitternacht, beginnt der erste Tag im neuen Monat und auch das neue Jahr. Wir feiern es mit einem großen Fest, mit Tanz und Feuerwerk.

Der erste Tag (Gespräch)

In diesem Gespräch wird den Kindern bewusst, wie willkürlich der Jahresanfang gewählt ist, ohne erkennenswerte Zeichen in der Natur oder am Himmel. Wenn sie das wissen, können sie sicher akzeptieren, dass andere Völker einen anderen Neujahrstag feiern, z. B. die Chinesen.

Alter: ab 6 Jahren

Um den Kindern die Problematik verständlich zu machen, wird ihnen folgendes erklärt:
„Wir sagen gerne und ohne viel darüber nachzudenken, dass das Jahr mit dem Frühling anfängt, mit dem Erwachen der Natur: Die Pflanzen beginnen zu wachsen und zu blühen, die Vögel bauen Nester und brüten, die Tiere erwachen aus ihrem Winterschlaf, die Sonne wird wärmer, die Arbeit im Garten und auf den Feldern beginnt. Aber genau genommen beginnt das Jahr ja mitten im Winter. Wäre es nicht sinnvoller, den Jahresbeginn in den Frühling zu verlegen? Der erste Tag des neuen Jahres könnte dann – wie bei den Babyloniern damals – der Tag des Frühlingsanfangs sein!"

Jetzt sind die Kinder an der Reihe. Wer etwas dazu sagen will, hält seine Hand hoch, so wie es die Erwachsenen tun, wenn sie miteinander diskutieren. Eine Diskussionsleitung lenkt das Gespräch und lässt die Kinder am Schluss abstimmen, welchen Zeitpunkt sie als Jahresbeginn am sinnvollsten finden.

Die Woche

Die Kinder kennen das Jahr (▶ S. 24 ff.), den Monat (▶ S. 32 ff.) und den Tag (▶ S. 11 ff.). Gibt es noch eine Zeitgröße, die länger als ein Tag und kürzer als ein Monat ist? Eine Frage, die die Schulkinder sicher beantworten können: Es ist die Woche.
Wieso wurde die Woche erfunden? Die Menschen brauchten einfach einen kurzfristig überschaubaren Zeit-Rhythmus, mit regelmäßig wiederkehrenden Tagesfolgen, bei denen sie ihre gesellschaftlichen Ereignisse vorausplanen konnten, an denen sie sich regelmäßig treffen, miteinander reden und etwas gemeinsam tun konnten, z. B. den Markttag, den Gerichtstag, den Waschtag und einen Tag für den Kirchgang. Das geht nur, wenn vorher diese Tage festgelegt werden und alle davon wissen. Für diese Zwecke ist die Woche eine sinnvolle Erfindung.

Die Wochentage

Die Wochentage haben besondere Namen. Sie sind von Sonne, Mond und Sternen abgeleitet. Ebenso standen germanische und römische Götter bei der Namensgebung Pate.

Sonntag	Tag der Sonne
Montag	Tag des Mondes
Dienstag	Tag des germanischen Kriegsgottes Ziu, er hat den Beinamen Thingsus, was „Schützer des Dings“ heißt, der Dienstag gilt auch als Tag des Planeten Mars
Mittwoch	ist der mittlere Wochentag, früher hieß dieser Tag auch Wodanstag, nach dem nordischen Gott Wodan, es ist auch der Tag des Planeten Merkur
Donnerstag	Tag des germanischen Wettergottes Donar
Freitag	Tag der germanischen Göttin Frija, bzw. Freya oder Fria, der Schutzpatronin der Ehe; ein Grund für viele Hochzeitspaare, an einem Freitag zu heiraten
Samstag	dieser Name stammt von dem hebräischen Wort „schabbath“, was „Feiertag“ bedeutet; Sabbat wird auch der jüdische Samstag genannt, der von Freitag- bis Samstagabend dauert; bei uns sagen viele zum Samstag Sonnabend, der Tag und Abend vor dem Sonntag; der Samstag ist auch der Tag des Planeten Saturn

Eselsbrücken für die Wochentage (Gespräch)

Die Kinder lernen die Namen der Wochentage. Das Lernen wird für sie einfacher und auch lustiger, wenn sie mit den Namen Assoziationen verknüpfen und so genannte Eselsbrücken bauen.

Alter: ab 4 Jahren

Die Kinder überlegen, welches Wort in den Namen der Wochentage versteckt ist und erklären, an was sie denken, wenn sie den Namen hören.

- Welches Wort steckt in Sonn-Tag und Mon-Tag?
- Wer entdeckt ein Wort, das in Diens-Tag steckt?
- Klingt Mitt-Woch nicht wie „mitten in der Woche"?
- In Frei-Tag klingt das Wort „frei" heraus.
- Was assoziieren die Kinder mit Sams-Tag?

Wem zu den Namen der Wochentage etwas einfällt, der meldet sich zu Wort. Je mehr die Kinder darüber reden und hören, desto schneller lernen sie die Namen der Wochentage.

Wochentage-Hüpfspiel (Bewegungsspiel)

Bekanntlich lernen Kinder schneller, wenn sie sich dabei bewegen. Dieses Hüpfspiel aus Urgroßmutters Zeiten ist dazu bestens geeignet.

Alter: ab 4 Jahren
Material: Kreide, Kieselstein

Auf einer ebenen Fläche das Hüpfspiel mit Kreide auf den Boden malen.
Die Kinder, die mitspielen wollen, stellen sich vor dem Montag auf.
Sie machen untereinander aus, ob sie auf einem Bein oder mit beiden Beinen hüpfen wollen.
Das Kind, das an der Reihe ist, wirft seinen Stein in den ersten Hüpfkasten „Montag". Es springt hinein, nimmt den Stein, hüpft wieder heraus.
Ist der Sprung fehlerlos gelungen, ohne dass das Kind auf einen Kreidestriche trat, darf es weitermachen: Es wirft seinen Stein in den nächsten Kasten „Dienstag", hopst zuerst in den „Montag", dann in den „Dienstag", nimmt den Stein und hüpft zurück.
Landet ein Kind auf einem Kreidestrich, kommt das nächste dran.
Die Kinder, die zuschauen, sagen laut die Wochentage, in die das Kind gerade springt. So wird das Aufzählen der Wochentage – vorwärts und rückwärts – ganz nebenbei geübt.

Laurentia-Singspiel

Dieses traditionelle Singspiel ist zum Lernen der Wochentage bestens geeignet.

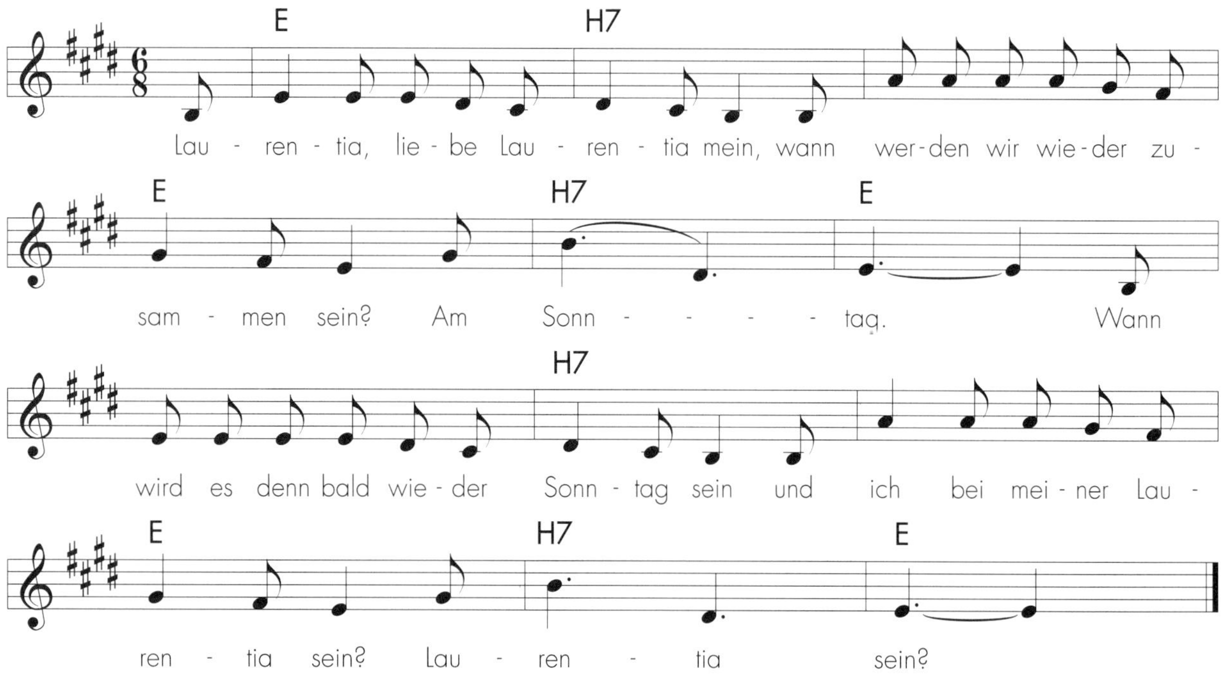

1. Laurentia, liebe Laurentia mein,
wann werden wir wieder zusammen sein?
Am Sonntag!
Wann wird es denn bald wieder Sonntag sein,
und ich bei meiner Laurentia sein, Laurentia sein?

2. Laurentia, liebe Laurentia mein,
wann werden wir wieder beisammen sein?
Am Montag!
Wann wird es denn bald wieder Sonntag, Montag sein,
und ich bei meiner Laurentia sein, Laurentia sein?

7. Laurentia, liebe Laurentia mein,
wann werden wir wieder zusammen sein?
Am Samstag!
Wann wird es denn bald wieder Sonntag, Montag,
Dienstag, Mittwoch, Donnerstag, Freitag, Samstag sein,
und ich bei meiner Laurentia sein, Laurentia sein?

8. Laurentia, liebe Laurentia mein,
wann werden wir wieder zusammen sein?
Am Sonntag!
Wann wird es denn bald wieder Sonntag sein,
und ich bei meiner Laurentia sein, Laurentia sein?

Die Kinder sitzen im Kreis. Ihre Stühle sind so weit auseinander, dass sie sich beim schnellen Aufstehen und Hinsetzen nicht in die Quere kommen.
Alle singen das Lied. Bei jedem Wochentag müssen die Kinder schnell aufstehen und sich auch gleich wieder setzen. Ob das alle bis zur letzten Strophe durchhalten? Schließlich müssen die Kinder bei der siebten Strophe siebenmal aufstehen und sich wieder hinsetzen, dabei singen und nicht außer Atem kommen! Das ist der Spielspaß!

Tipp
Für „Laurentia" kann auch der Name eines (Geburtstags-) Kindes eingesetzt werden.

Wochenrhythmus

Die Reihenfolge der Wochentage, mit den immer gleich bleibenden, vorhersehbaren Wochenereignissen, werden auch Wochenrhythmus genannt. Der Wochenrhythmus wird von den Menschen mit typischen Stimmungen, Erwartungen und Gefühlen erlebt:

- Am **Montag** beginnt die Arbeitswoche, Schulen und Kindergärten öffnen wieder ihre Türen, der Alltag beginnt. Viele Erwachsene sind noch müde vom Wochenende und wenig motiviert für ihre Arbeit. In den Fabriken werden die berüchtigten fehlerhaften Montags-Produkte hergestellt. Die Kinder sind überdreht vom chaotisch-stressigen Wochenende zu Hause und übermüdet vom endlos langen Fernsehen. Deshalb wird in Schule und Kindergarten von den typischen Montagskindern gesprochen, mit denen man nichts anfangen kann, die erst wieder zur Ruhe kommen müssen.
- Der **Dienstag** ist ein eher unauffälliger, ruhiger Tag. Die Erwachsenen haben sich wieder an die Arbeit, die Kinder an Schule und Kindergarten gewöhnt, alles läuft seinen normalen Gang, keine Besonderheiten sind zu erwarten.
- Der **Mittwoch** kündigt an, dass die Mitte der Woche erreicht ist. Die Wochenarbeit und die Schulwoche ist zur Hälfte geschafft, die Stimmung steigt.
- Den **Donnerstag** erleben viele in der Vorfreude auf das Wochenende. Donnerstagabends finden besonders häufig die Veranstaltungen der Vereine statt.
- Der **Freitag** wird als Arbeitstag fast nicht mehr ernst genommen, die Gedanken sind längst beim freien Wochenende. Zum Abschied rufen sich die Leute kein „Auf Wiedersehen!“ zu, sondern wünschen sich „Ein schönes Wochenende!“
- Der **Samstag** ist bei vielen Familien der Einkaufstag, auch Arbeiten in Haus und Garten sind angesagt. Spätestens am Samstagnachmittag oder allerspätestens am Samstagabend beginnt die gemütliche Zeit zum Ausgehen, Freunde treffen, für Sportveranstaltungen, Partys, Ausflüge. Ein echter Feierabend.
- Der **Sonntag** (▶ S. 45) ist in gewisser Weise eingeschränkt, wir können nichts einkaufen, weil die Geschäfte geschlossen sind, und dürfen weder Rasen mähen noch andere geräuschvolle Arbeiten in der Wohnung oder im Garten verrichten. Das ist die große Chance, mit Familie oder Freunden etwas Besonderes zu unternehmen.

Wochenablauf (Aktion)

Die Kinder erkennen anhand der Bilder, dass bestimmte Aktivitäten jede Woche stattfinden und die Woche ihren vorhersehbaren, regelmäßigen Ablauf hat, mit Spielen und Aktionen, die abgesprochen und festgelegt werden können.

Alter: ab 4 Jahren
Material: 5 – 6 große Papierbögen, Malstifte
Vorbereitung: Die großen Papierbögen gut sichtbar und nebeneinander an einer Wand befestigen.

1. Woche
Die Aktion beginnt an einem Montag, zum Abschluss des gemeinsam erlebten Tages. Die Kinder zählen auf, was am Tage alles passiert ist und malen alle wichtigen Tages-Programmpunkte mit Bildern oder Symbolen auf das erste Poster.
Am darauffolgenden Tag wird das gleiche Spiel wiederholt. Wieder malen die Kinder ein Tagesprotokoll, dessen Punkte vorher zusammengetragen wurden, auf das nächste Poster, so dass die Bilder oder Symbole von allen verstanden und später wiedererkannt werden.
So malen die Kinder Tag für Tag, eine Woche lang, ein Protokoll.

2. Woche
In der darauf folgenden Woche geht das Spiel weiter: Die Kinder treffen sich am Montagabend wieder vor dem Montag-Poster. Sie zählen auf, was sie am Tage alles gemacht haben und suchen auf der Programmliste des gleichen Tages der vorhergehenden Woche nach den Bildern oder Symbolen. Was haben sie am Montag in der letzten Woche gemacht? Was ist gleich, was ist anders? Kommt ein neuer Pogrammpunkt hinzu, wird er mit einem extra Bild oder Symbol dazugemalt.

3. Woche
Noch eine weitere Woche kann das Spiel dauern. Jetzt verstehen die Kinder die Spielregeln und werden auch tagsüber auf den Wochenplan schauen.

Wochenplan selbst gemacht (Aktion)

Dieses Spiel ist eine Fortsetzung des vorhergehenden Spiels. Jetzt lernen die Kinder, dass sie den Wochenablauf mitbestimmen können.

Alter: ab 5 Jahren
Material: Die gemalten Tagesprotokolle vom vorhergehenden Spiel (▶ S. 43). Diese sind noch so aufgehängt, dass alle Kinder die Pläne gut sehen können.

Die Kinder treffen sich schon am Morgen vor den Bilder-Protokollen, schauen das Bilder-Protokoll vom entsprechenden Wochentag genau an und überlegen, welche Programmpunkte sie heute wiederholen möchten. Die ausgewählten Aktivitäten werden mit einem Punkt gekennzeichnet – dann steht der Tagesplan fest und muss eingehalten werden.

Wochentag-Kreis (Basteln)

Diese Bastelarbeit veranschaulicht den ewigen Kreislauf der Wochentage mit gleich bleibenden Wochenarbeiten.

Alter: ab 6 Jahren
Material: 1 große Pappscheibe, 1 großer Zeiger aus Pappe oder Moosgummi, Ahle, Musterklammer

Die Pappscheibe wie einen Kuchen in sieben gleich große Teile einteilen.
In diese Teile die Namen der Wochentage schreiben und durchnummerieren. Der Montag hat also die Nummer 1.
Dann durch das Ende des Zeigers und durch die Mitte der Scheibe ein Loch bohren, gerade so groß, dass die Musterklammer durchgesteckt werden kann und den Zeiger auf der Scheibe festklemmt.
Die Kinder überlegen, welche ganz speziellen Spiele, Arbeiten oder Aktivitäten sie regelmäßig an bestimmten Wochentagen durchführen, das kann die Musikstunde sein oder Turnen, Schwimmen, Geschichten vorlesen, Spazieren gehen oder die Zauberschule.
Passend dazu malen die Kinder kleine Bildmotive oder Symbole in den Abschnitt des betreffenden Tages.
Nun wird der Zeiger täglich ein Stück weitergedreht und zeigt an, was an diesem Wochentag Besonderes passiert.

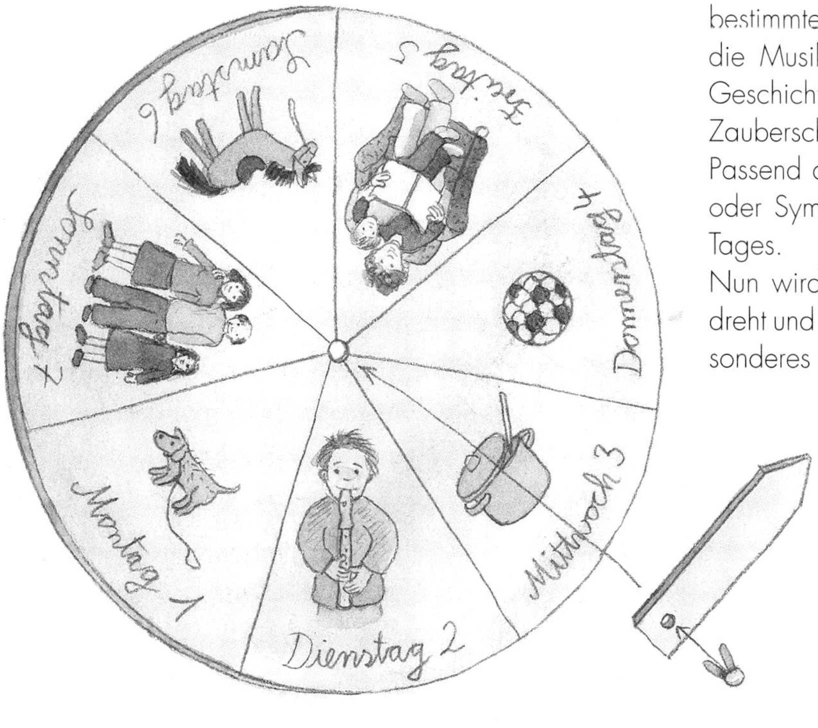

DEN ZEIGER AUF DER PAPPSCHEIBE BEFESTIGEN

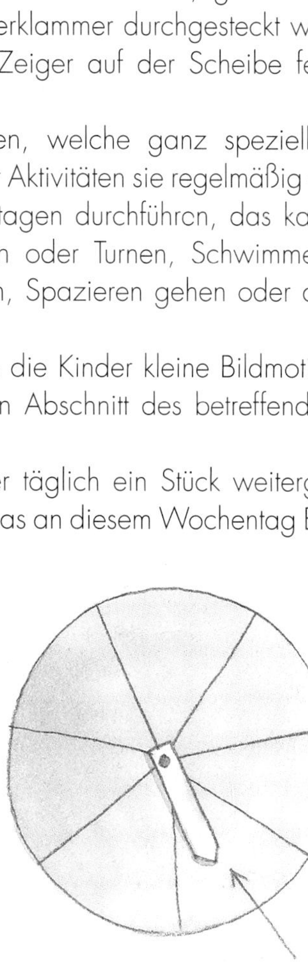

FESTGEKLEMMTER ZEIGER

Die Sieben-Tage-Woche

Eine Woche hat sieben Tage. Das war nicht immer so. Es gab Völker, die hatten eine Woche mit vier Tagen, andere legten die Zehn-Tage-Woche fest. Die alten Griechen teilten den Monat in drei Wochen mit jeweils zehn Tagen auf.

Es dauerte seine Zeit, bis die Menschen die gültige Anzahl an Wochentagen festgelegt hatten. Die sieben Tage entstanden, wie immer beim Herausfinden von allgemein gültigen Zeitsystemen, durch Himmelsbeobachtungen, endlos viele Zeitmessungen und Zeitrechnungen. Und so kam es, dass eine Woche sieben gleich lange Tage hat, unabhängig vom Stand des Mondes und der Sonne.

Zur Sieben-Tage-Woche trug auch das Christentum bei. Laut Bibelgeschichte dauerte die Erschaffung der Welt sechs Tage, am siebten Tage ruhte sich Gott aus und befahl auch den Menschen: „Am siebten Tage sollst du ruh'n!" (Altes Testament, Genesis). So ist es bis heute geblieben.

Wochenbeginn

Mit der Festlegung der sieben Tagen war noch nicht alles geregelt. Es galt genau zu entscheiden, mit welchem Tag eine Woche beginnt bzw. aufhört, mit dem Samstag, Sonntag oder Montag (mehr zu den Namen ▶ S. 38), wieder etwas, worüber die Menschen sich einigen mussten, sonst würden die einen den Sonntag als siebten Tag feiern und für die anderen ist dieser Tag der letzte Arbeitstag der Woche und es wird Wochenmarkt abgehalten.

Diese Entscheidung, mit welchem Tag nun eine Woche beginnt und aufhört, dauerte lange. Bei den Römern war z. B. der Samstag der erste Wochentag.

Später, im Jahre 321, legte Kaiser Konstantin fest, dass die Woche mit dem Sonntag beginnt. Und dieser Tag sollte auch der Ruhetag sein.

Und wie ist es heute? Wer von den Kindern weiß es? Heute ist der Montag der erste und der Sonntag der letzte Tag in der Woche. So steht es auch in den Kalendern.

Allerdings wird heute der Sonntag nicht in allen Religionen als Ruhetag und Tag des Gottesdienstes gefeiert: Im Islam ist es der Freitag, bei den Juden der Samstag. Es macht Sinn, mit den Kinder darüber zu reden, vor allem wenn deren Familien aus anderen Kulturkreisen stammen.

Der Sonntag

Es ist egal, ob der Sonntag in der Reihenfolge der Wochentage nun die Nummer 1 oder 7 ist, der Sonntag ist frei! Keine Arbeit, keine Schule, kein Kindergarten.

In der heutigen Zeit nimmt die religiöse Bedeutung des Sonntags als Bet- oder Kirch-Tag immer mehr ab. Vielen Leuten dient er dazu, endlich auszuschlafen, sich zu erholen, sich mit anderen zu treffen, dem Hobby nachzugehen, Sport zu treiben und vor allem mit der Familie etwas unternehmen zu können.

Heute ist bei uns in Europa nicht nur der Sonntag frei, sondern meistens auch der Samstag und vielerorts auch schon der Freitagnachmittag. Das war nicht immer so und hat mit der Anzahl von Arbeitsstunden pro Woche zu tun. Dennoch: Der Sonntag verliert seine besondere Stellung immer mehr und das ganze Wochenende mit seinen zwei oder drei freien Tagen gewinnt an Bedeutung.

Ausnahme: Sonntagsarbeit

Bei Menschen, die von Berufs wegen samstags und/oder sonntags arbeiten müssen, verschiebt sich der Wochenrhythmus. Sie haben meistens montags frei. Auch davon sollten die Kinder erfahren. Vielleicht kennt ein Kind jemanden, der sonntags arbeitet und kann von dieser Person etwas berichten? Das betrifft z.B. Ärzte, Krankenschwestern und -pfleger, Pastoren, Pfarrer, Gastwirte, Bedienungen, Kellner, Hausmeister, Polizisten, Eisverkäufer, etc.

Ein Sonntag wie zu alten Zeiten

Früher war der Sonntag wirklich ein besonderer Tag. Ein Feiertag, auf den sich alle vorbereiteten. Am Tag davor wurden die Zimmer geputzt und die Treppen gefegt. Alles musste sauber sein. Abends badete die ganze Familie und die Betten wurden frisch bezogen.
Am Sonntag, dem Feiertag, zogen die Leute die feinen Kleider oder Trachten an, die sie nur sonntags trugen, damit sie nicht abgenutzt wurden. Die ganze Familie ging morgens in die Kirche. Danach trafen sich die Leute auf dem Kirchplatz oder die Männer gingen ins Wirtshaus und erzählte sich, was in der Woche so alles passiert war. Zum Mittagessen kochte die Hausfrau – oder die Köchin des Hauses – ein besonders gutes und üppiges Essen, das Sonntagsmahl. Danach ging die Familie spazieren und traf sich mit anderen. Dann spielten die Kinder und die Erwachsenen redeten miteinander.

Sonntagsbilder (Gespräch)

Es gibt viele alte Kunstwerke, die sehr anschaulich Szenen aus dem früheren sonntäglichen Leben zeigen. Für Kinder veranschaulichen diese Zeitdokumente, was den Menschen der Sonntag früher bedeutete.

Alter: ab 6 Jahren
Material: Kunstbücher, Kunstpostkarten oder Fotos von früher, Epidiaskop

Bildbetrachtung

Zuerst betrachten die Kinder alle Bilder, die zur Verfügung stehen, und beschreiben, was sie darauf alles entdecken. Dann stimmen sie ab, welches Bild sie genauer betrachten wollen.
Mit einem Epidiaskop wird das Bild an eine freie Wand oder auf eine Leinwand projiziert. Jetzt können alle Kinder miteinander das vergrößerte Bild betrachten, interessante Einzelheiten erkennen und bei ihrer Bildbeschreibung mit dem Finger auf die entsprechenden Stellen des projizierten Bildes zeigen.

Phantasiegeschichte

Zum Schluss erfinden die Kinder eine Phantasiegeschichte zum Bild. Wem etwas einfällt, der erzählt den Anfang der Geschichte. Ist er mit seinem Teil fertig, stupst er seinen Nebensitzer an, der dann weitererzählt. So wird die Geschichte reihum fortgesetzt. Wem nichts einfällt, der kann ja die Mitspieler nach Ideen fragen und diese Anregungen in seinen Beitrag einbauen. Das letzte Kind denkt sich einen Schluss für die Geschichte aus.

Tipp

Ist in der Nähe des Kindergartens oder der Schule ein Kunstmuseum, eine Gemäldegalerie oder sonst eine Bilderausstellung, und sind dort „Sonntagsbilder" ausgestellt, findet das Spiel natürlich dort statt.

Wochenend-Erlebnisse

(Gespräch)

Hier kommen die Kinder zu Wort und erzählen, was sie am letzten Wochenende gemacht haben. Vielleicht wird ihnen dabei bewusst, dass in vielen Familien ein ähnliches Wochenend-Programm stattfindet: samstags einkaufen, abends ausgehen, sonntags Ausflüge machen, Spazierengehen, Freunde besuchen, Treffen mit Großeltern, mehr Zeit zum Spielen.

Alter: ab 4 Jahren
Material: Korb mit kleinen Bällen, Kastanien oder Kieselsteinen

Die Kinder setzen sich in einen Kreis, in der Mitte steht der Korb mit den Bällen (Kieselsteinen oder Kastanien). Wer etwas von seinem Wochenende erzählen möchte, nimmt sich einen Ball aus dem Korb. Ein Kind beginnt mit seinem Bericht. Manchen Kindern fällt es nicht so leicht, in freier Rede vor anderen etwas zu erzählen. Diesen Kindern kann mit Fragen geholfen werden, z. B.: Wer war dabei? Was hat dir dabei besonders gut gefallen? Wie sieht deine Großmutter aus?
Ist der Erzähler mit seiner Wochenend-Geschichte fertig, legt er seinen Ball zurück und bestimmt den nächsten.
An den Bällen in der Hand können alle erkennen, wer noch nicht an der Reihe war.

Wochenend-Wünsche

(Malen)

Für viele Kinder laufen die Wochenenden nicht so ab, wie sie es gerne hätten. Die Gründe dafür zu nennen, ist eine andere Sache. Bleiben wir bei den Wünschen, die bei diesem Spiel zum Ausdruck kommen. Dabei erleben die Kinder, dass auch andere Kinder unerfüllte Wochenend-Wünsche haben. Wie tröstlich – und vielleicht ein Anlass, sich am nächsten Wochenende zu treffen?

Alter: ab 5 Jahren
Material: Papier, Malstifte

Die Kinder setzen sich zusammen und tauschen ihre Wünsche für ein tolles Wochenende aus. Wünschen können sie schließlich alles, auch Verrücktes und Unmögliches.
Mit einer gemeinsamen Ideensammlung wird die Phantasie der Kinder angeregt. Alle überlegen, träumen, denken sich Abenteuer aus. Wem etwas einfällt, der ruft es laut in die Gruppe.
Danach werden die Kinder aufgefordert, ihre Wünsche auszumalen. Nicht mit Worten, sondern mit bunten Bildern.
Alle Bilder werden als „Galerie der Wochenend-Wünsche" zusammengestellt. Die Kinder erklären den anderen, was sie gemalt haben und was ihre Wünsche sind.

Der Kalender

Ein Kalender ist eine recht praktische Erfindung: ein Einteilungs-System, mit dem die Zeit in Stunden, Wochen, Monate und Jahre aufgeteilt wird, je nachdem, für welchen Zweck man diese Zeiteinteilung braucht. Dieses System ist inzwischen auf der ganzen Welt gültig, so dass man weltweit Termine mit anderen Menschen vereinbaren kann. Das war nicht immer so (mehr dazu ▶ S. 12, 24, 45).

Kalender für alle Zwecke

Es gibt viele unterschiedliche Kalender, z. B.

- Tageskalender, bei denen an jedem Tag ein Blatt abrissen wird.
- Wochenkalender, bei denen die Tage einer Woche auf einem Blatt zusammengestellt sind
- Monatskalender, bei denen pro Blatt der ganze Monat aufgeführt ist, unterteilt in Wochen und Tage
- Jahreskalender, als großes Poster mit Zahlenreihen, welche die Tage, Wochen und Monate ausweisen, oder als Leporello, klein und zusammenklappbar, damit sie in die Handtasche passen

Und es gibt:

- Terminkalender
- Geburtstagskalender
- Tischkalender
- Reinschreibkalender
- Schülerkalender
- Damenkalender
- Kunstkalender
- Heimatkalender
- Taschenkalender
- Adventskalender

Kalender-Vielfalt (Gespräch)

Die Kinder vergleichen die unterschiedlichsten Kalender, sie entdecken, welche Zeichen, Zahlen und Buchstaben auf den Kalendern zu finden sind und benennen damit die typischen Elemente eines chronologisches Zeit-Systems.

Alter: ab 6 Jahren
Material: viele verschiedene Kalender

Die Kinder suchen nach Kalendern an den Wänden, auf Tischen und Schreibtischen, hängen ab oder nehmen weg, was sie dürfen und legen ihre Kalender-Beute auf den Tisch. Da können auch alte Kalender aus vergangenen Jahren dabei sein.
Die Kinder schauen diese Kalender an, beschreiben, welche Unterschiede sie erkennen und erklären, für welchen Gebrauch ihrer Meinung nach der jeweilige Kalender geeignet ist.
Und welcher Kalender gefällt den Kindern am besten? Und warum?

Kalender-Erfindungen

Als es noch keine Kalender gab, trafen die Leute nur mündliche Absprachen. Doch sie erkannten schließlich, dass das nicht ausreichte, wenn sie langfristige Termine absprechen und einhalten wollten, z. B. Termine für Märkte, Versammlungen oder Jahresfeste. Zu diesem Zweck wurden die Kalender erfunden.
Zuallererst gab es den Holzkalender. Das war eine Tafel oder ein Stock, in den man Kerben schnitzte. Kleine Ritze kennzeichneten Werktage, große Einschnitte die Sonntage.
Im 12. Jh. begannen die Mönche in den Klöstern auf Pergamentpapier ihre Kalender zu schreiben, kunstvoll verziert mit Ornamenten und Monatsbildern (mehr dazu ▶ S. 33).
Mitte des 15. Jh.s, nachdem Johannes Gutenberg die Buchdruckkunst erfunden hatte, konnten Kalender gedruckt und in Mengen angeboten werden. Am beliebtesten war der Einblattkalender mit einer einfachen Jahresübersicht der Monate und Tage, den wichtigsten Feiertagen und Platz für persönliche Eintragungen. Diesen Kalender gab es bis Ende des 16. Jh.s.
Mitte des 15. Jh.s erfand Johannes Müller auch den Buchkalender, der extra Tabellen über Sonnenstand und Mondphasen beinhaltete. Mit der Zeit stieg das Interesse an diesem kleinen und handlichen Kalender an. Bald galt es sogar als schick, einen Buchkalender zu besitzen. Das führte dazu, dass diese Kalender immer mehr auf die Bedürfnisse der Benutzer ausgerichtet wurden, z. B. mit Informationen über Wetter, Medizin und Astronomie.
Beliebt waren auch Tagebuch-Kalender, die ausreichend Platz boten für tägliche Notizen. Später hießen sie Taschenkalender, weil sie in Hosen- und Damentaschen passten.
Mitte des 18. Jh.s entwickelte sich der Kalender zum Luxusgegenstand, mit Ledereinband,

Spiegel, Bleistift, Modeabbildungen (Originalarbeiten von Kupferstechern) und Informationen über Literatur. Eine Besonderheit ist der Miniaturkalender, auch Fingerkalender genannt. Er war so klein wie eine Streichholzschachtel.

Allmählich änderte sich der Gebrauch des Kalenders. Aus dem praktischen Zeitplaner wurde ein Almanach mit Geschichten, Berichten und – manchmal kuriosen – Informationen. Je mehr Unterhaltung ein Kalender bot, desto besser. Jahr und Tag wurden dabei immer unwichtiger.

Diese Kalender hießen Volks- oder Heimatkalender. Viele bekannte Schriftsteller veröffentlichten dort ihre so genannten Kalendergeschichten.

Im 19. Jh. entwickelte sich der Berufskalender mit speziellen Informationen und Terminen für bestimmte Berufe. So gab es z. B. den Kalender für Ärzte, Eisenbahner, Landwirte, Bienenzüchter. Diese Kalender waren Vorläufer der Fachzeitschriften von heute.

Ab dem 20. Jh. hingen in den Wohnzimmern der Familien kleine Abreißkalender. Sie waren auf einer dicken, bunt bedruckten Pappe befestigt und konnte wie ein Bild an die Wand gehängt werden. Das tägliche Abreißen der Blätter entwickelte sich zum Morgenritual des Familienoberhauptes. Auf der Rückseite der Tagesblätter gab es dann Witze, Kochrezepte, Sprichwörter, Sinnsprüche, Wetterregeln und lustige Begebenheiten zu lesen.

Dank verbesserter Druckqualität kam der Monatskalender mit kunstvollen Bildern in Mode und schmückte die Wohnzimmerwände. Deshalb heißt dieses Modell auch Kunstkalender.

Und wo bleibt der ganz normale Tageskalender ohne Bilder, Rätsel und Geschichten, mit Platz für Termin-Eintragungen? Das war es doch, was die Menschen anfangs haben wollten und brauchten. Daraus ist der Terminkalender geworden, der jetzt Planer und Timer heißt, mit Stunden-, Tages-, Wochen- und Jahresübersichten, mit Listen über Ferienzeiten, Feiertagen, Ausstellungen und Weltzeiten.

Trotz aller Vielfalt und Phantasie, es bleibt dabei: Der Kalender ist eine frei erfundene Sache, sinnvoll, nützlich und praktisch für das Zusammenleben der Menschen, mit einem inzwischen weltweit gültigen Zeiteinteilungssystem.

Ein ganz spezieller Kinder-Kalender (Basteln)

Die Kindern überlegen, welchen Zweck ein Kalender speziell für ihren Kindergarten oder ihre Schule oder Kindergruppe erfüllen muss. Sie diskutieren über die täglichen Zeitabsprachen und Zeitpläne und sprechen dabei auch über die konstanten Abläufe in ihrem Kindergarten- oder Schulalltag.

Alter: ab 4 Jahren
Material: Papier, Malstifte, Scheren und je nach Kalenderart weitere Bastelsachen

Die Kinder schauen sich verschiedene Kalender an und lernen sie kennen.
Sie besprechen miteinander, welche Art von Kalender sie brauchen, einen Wand- oder Tischkalender, einen Jahres- oder Tageskalender. Sie überlegen sich, was sie alles in ihren Kalender eintragen wollen, welches Format und welche Gestaltung sie gerne hätten.
Dann stimmen sie darüber ab.
Erst jetzt geht es an die Bastelarbeit.

Zur Ideenfindung hier ein paar Anregungen:

- Wandkalender: Er hat große Monatsblätter, ausgestaltet mit bunten Bildern der Kinder. Von einem anderen Kalender schneiden sie die Daten (Tage, Wochen, Monate) aus oder machen Kopien davon und kleben diese auf die einzelnen Monatsblätter.
- Tischkalender: Das kann auch ein Ordner mit einzelnen Monats- oder Wochenblättern sein, dazwischen werden gemalte Kinderbilder eingeheftet oder mit Fotos beklebte Blätter von besonderen Ereignissen.
- Jahreskalender: Auf ein großes Poster kleben die Kinder eine Kalenderübersicht des Jahres oder einen einfachen Leporello-Taschenkalender, den sie rundum verzieren oder bekleben.
- Tageskalender: Das kann ein Tagebuch-Kalender sein. Dafür genügt ein dickes Schreibheft. Täglich wird das Datum eingetragen. Und was sonst noch dazu kommt, überlegen die Kinder jeden Tag aufs Neue: ein kurzer Bericht über besondere Ereignisse oder besondere Gäste, ein Reim oder ein Kinderlied, das am Tag gelernt wurde, ein Bild zum Märchen, das heute erzählt wurde, oder was es zum Mittagessen gab und den neuen Lieblingswitz dazu. Das diktieren die Kinder demjenigen, der den Tagebucheintrag macht. Größere Kinder schreiben es abwechselnd selbst hinein.

Beliebte Geburtstagskalender (Basteln)

Geburtstagskalender gibt es inzwischen in Hülle und Fülle. Nachfolgend sehr beliebte Geburtstagskalender, die die Kinder selber basteln können.

Alter: ab 3 Jahren
Material: Bastelsachen aller Art, Fotos der Kinder

Anregungen

- Eine Kalenderstadt mit zwölf selbst gebastelten Monatshäusern, mit eingeschnittenen oder gemalten Fenstern, aus denen die Fotos der Geburtstagskinder hervorschauen.
- Zwölf Monatsballons aus Pappmaché, sie werden an die Decke gehängt, an jedem Ballon baumeln die Fotos der Geburtstagskinder des entsprechenden Monats.
- Eine Eisenbahn mit Lokomotive und zwölf Monatswagen, voll geladen mit Geschenkpäckchen für die Geburtstagskinder.
- Eine Wäscheleine, aufgeteilt in zwölf Monats-Strecken, an denen die Fotos oder Geschenkpäckchen der Geburtstagskinder befestigt sind.

Fest- und Feiertage

Es gibt bestimmte Tage im Jahreslauf, die für die Menschen eine besondere Bedeutung haben. Gemeint sind die traditionellen, kulturellen und religiösen Festtage, die seit Jahrtausenden gefeiert werden.
Früher wurden solche Feste von Priestern und Gelehrten bestimmt. Sie nahmen auffällige Naturereignisse zum Anlass oder bestimmten die Tage nach besonderen Konstellationen von Sonne, Mond und Sternen. Heute kann jeder selber in seinem Kalender nachschauen, wann welche Feste sind.
Für Kinder sind solche Fest- und Feiertage ein besonderes Erlebnis, daran erinnern sie sich gerne. Deshalb sind Fest- und Feiertage für Kinder auch eine Orientierungshilfe im Jahresverlauf. Die immer wiederkehrenden Jahresfeste zeigen ihnen, wie Zeit und Jahr ablaufen.

Problem: Festtagszeit im Supermarkt

Die moderne Zeit macht es den Kinder schwer, diese Orientierung durch das Jahr mit Hilfe der Festtage zu finden. Denn:
Fasching beginnt schon im Januar, wenn die Regale in den Geschäften mit bunten Faschingsartikeln geschmückt sind.
Ist die Karnevalszeit vorbei, werden bunte Ostereier-Körbe und glitzernde Osterhasen in die Regale gestellt. Ist Ostern vorbei, quellen die Muttertagsherzen aus den Verkaufskörben. Weihnachtlicher Lebkuchengeruch ist bereits im September zu schnuppern, dann sind die Regale mit diesem Verkaufsangebot gefüllt. Dazwischen stapeln sich Laternenschmuck und Halloween-Kürbisse. Diese werden ab Oktober von Nikoläusen verdrängt und spätestens im November erklingen Weihnachtslieder aus den Lautsprechern. Viele Engel, Marias und Jesuskinder ziehen in die Regale ein, samt Schachteln voller Christbaumkugeln und künstlichen Adventkränzen.
Das mag für die Verkaufsstrategie der Supermärkte ja in Ordnung sein, aber für die Kinder nicht!
Die Jahresfeste verlieren ihre Besonderheit, wenn sie Wochen und auch Monate vorher in den Kaufhäusern gefeiert und alle Festtags-Überraschungen zum Zugreifen bereit gelegt werden. Weihnachten dauert jetzt zwei Monate lang, büßt seinen Festtagsglanz ein – und die Kinder verlieren ihre Orientierung.
Nur wenn diese Tage einmalig und Höhepunkte im Jahresverlauf sind, lernen die Kinder die Festtage zu unterscheiden. Auch die Vorfreude auf ein Jahresfest oder einen Festtag gehört dazu, mit gemeinsamen Vorbereitungen und aufregenden Heimlichkeiten. Die Konsequenz daraus ist diese: Wir sollten mit den Kindern die Kalenderfeste wirklich nur an den Tagen feiern, an denen sie fällig sind.

Tipp
Dieser Aspekt ist ein interessantes Thema für ein Elterntreffen. Vielleicht stimmen die Eltern dem Vorhaben zu, ein ganzes Jahr lang die Feste und Feiertage bewusst zu gestalten, gemeinsam mit den Kindern vorzubereiten und ausschließlich an dem speziellen Festtag zu feiern.

Die Festtage im Jahreslauf

Das sind die bekanntesten Festtage und Festzeiten im Jahresablauf, wie sie in Deutschland gefeiert werden:

- **Dreikönigstag** ist der 6. Januar: gefeiert werden die Heiligen Drei Könige aus der Weihnachtsgeschichte der Bibel, Kinder gehen als Sternsinger durch die Straßen.
- **Valentinstag** ist 14. Februar: wer jemanden gerne hat, schenkt dieser Person Blumen.
- **Faschingszeit** ist ein heidnischer Brauch des Winteraustreibens, mit Fastnachtsumzug und buntem Maskentreiben auf den Straßen. Früher begann nach der Fastnacht die Fastenzeit von 40 Tagen bis Ostern. Dieser Brauch des Verzichtens wird heute in manchen Familien wieder aufgegriffen, z. B. mit dem Verzicht auf Süßigkeiten oder Fernsehen.
- **Osterzeit:** dazu gehören Osterfeuer, Ostereier-Suchen, Osterhasengeschichten
- **Karfreitag:** An diesem Tag gedenken die Christen der Kreuzigung Jesu, am Ostersonntag feiern sie seine Auferstehung.
- **1. Mai** ist Maifeiertag mit Tanz um den Maibaum; es ist auch der Tag der Arbeit.
- **Muttertag** ist immer der 2. Sonntag im Mai, eine Idee aus Amerika, seit 1864; die Familie bedankt sich bei der Mutter für ihre Arbeit.
- **Himmelfahrt** ist genau 40 Tage nach Ostern, die Christen feiern die Himmelfahrt Jesu. Dieser Tag wird in jüngster Zeit auch als Vatertag gefeiert.
- **Pfingsten** ist 50 Tage nach Ostern, dieses religiöse Fest erinnert daran, dass Jesus seine Jünger aufgefordert hat, die Lehre des Christentums auf der ganzen Welt zu verbreiten.
- **Fronleichnam** wird am 2. Donnerstag nach Pfingsten gefeiert, vielerorts finden Prozessionen der katholischen Kirche statt.
- Herbstzeit ist die Zeit der Kirchweih- und Schützenfeste.
- **Erntedankfest** ist der 1. Sonntag im Oktober, die Menschen danken Gott für die Ernte.
- **Allerheiligen** ist am 1. November, der katholische Feiertag ist ein Gedächtnisfest für alle Heiligen.
- **Martinstag** ist am 11. November und erinnert an St. Martin, der zuerst Soldat war, dann Mönch und später Bischof von Tours wurde. Früher war dies auch der Abschiedstag der wandernden Gesellen, heute ist es der Tag der Laternenumzüge für Kinder.
- Die **Adventszeit** beginnt vier Wochen vor Weihnachten und soll die Menschen auf das Christfest einstimmen, mit Adventskranz, Adventsschmuck und Adventskalender.

- **Nikolaustag** ist am 6. Dezember; St. Nikolaus war Bischof und kümmerte sich vor allem um die armen Kinder. Heute besucht und beschenkt ein verkleideter Nikolaus die Kinder, mancherorts in Begleitung eines Angst einflößenden Belzebubs oder Knecht Ruprechts.
- Die **Weihnachtszeit** beginnt mit dem Heiligabend am 24. Dezember, den die Christen als Geburtstag von Jesus Christus feiern, mit Kirchgang, Weihnachtsgeschichten und -liedern, mit Christbaum, Engelsschmuck, Krippenspielen und Geschenken. Es folgen am 25. und 26. Dezember der 1. und 2. Weihnachtsfeiertag.
- **Silvester** ist am 31. Dezember, das alte Jahr wird mit einem Fest verabschiedet, das neue Jahr mit einem Feuerwerk begrüßt.

Das Kalender-Karussell

Beim Durchblättern eines Kalenders liegt der Vergleich mit einem Karussell nahe, denn ständig wiederholt sich der immer gleiche Jahresablauf:

- das Jahr mit seinen Jahreszeiten,
- die Monate mit ihren Fest- und Feiertagen,
- der Tag mit seinem Wechsel von Tag- und Nachtzeit

Deshalb reden wir auch vom Rad der Zeit, das sich endlos-ewig dreht. Und alle Monate und Tage kommen und gehen, wieder und immer wieder. Für Kinder und auch für die Erwachsenen ist diese ewig fortlaufende Zeit unvorstellbar.

Und dennoch wissen wir: Es gab vor 4 1/2 Milliarden Jahren einmal einen Anfang mit der Entstehung der Erde, und es wird einmal ein Ende geben, wenn die Sonne ihre Energie verliert. Aber das ist eine andere Sache und würde hier zu weit führen.

Das Rad der Zeit

(große Bastelaktion)

Die Kinder sehen an den Farben und Zeichen einer großen Scheibe, welche Zeiten und Besonderheiten sie im Laufe eines Jahres erleben. Ältere Kinder erkennen, verstehen und lernen, was ein Kalender, ein Jahr und die immer wiederkehrende Zeit bedeuten. Jüngere Kinder werden diese Aktion als tolle Bastelarbeit und unterhaltsames Geschichten-Spiel erleben.

Alter: ab 3 Jahren
Material: große Pappscheibe (Ø ca. 1 m), Malfarben, Ahle, dicke Schnur, Farben, dicker Filzstift, dünner Filzstift, evtl. Lineal, evtl. kleine Zettel, Schere, Klebstoff und Porträt-Fotos der Kinder

Die Bastelarbeit des Zeitrades wird groß und schön und der Aufwand lohnt sich. Die Kinder machen alles mit.
In die Mitte der großen Scheibe ein Loch bohren, die Schnur durchziehen und zu einer langen Schlaufe knüpfen, sodass die Scheibe in dieser Schlaufe gedreht werden kann. Das ist das Jahr.
Jetzt wird die Scheibe wie ein Kuchen in verschiedene Abschnitte aufgeteilt:

Jahreszeiten

Zuerst in vier gleich große Teile teilen, das sind die vier Jahreszeiten. Die Jahrezeiten am Rand mit vier unterschiedlichen Farben bemalen und dadurch markieren, z. B. grün für den Frühling, gelb für den Sommer, rot für den Herbst, blau für den Winter.

Monate

Die Jahreszeiten-Viertel mit dicken Linien in jeweils drei Teile unterteilen, das sind die Monate. Die Monatsnamen eintragen, natürlich in der richtigen Reihenfolge und passend zu den Jahreszeiten. Die Kinder malen kleine Monatsmotive (Anregungen dazu ▶ S. 34) in diese Monatsabschnitte.

Wochen
Ein weiteres Mal wird das Jahresrad unterteilt, diesmal in seine 52 Wochen. Das muss nicht millimetergenau sein, sondern kann mit großzügigen Strichen eingezeichnet werden.

Tage
Wenn das Rad ausreichend groß ist, auch die Tage mit dünnen Strichen eintragen. Schön wäre es, diese durchzunummerieren und den Sonntag mit einem besonderen Zeichen oder einer extra Farbe zu kennzeichnen.

Feiertage
Nun kommen die Fest- und Feiertage hinzu und werden in die entsprechenden Tage der Zeitrads eingetragen. Bei den Feiertagen, deren Daten jedes Jahr neu bestimmt werden, z. B. Fasching, Ostern und Pfingsten, nimmt man einfach einen typischen Zeitpunkt, also Fasching Mitte Februar, Ostern fünf Wochen später, Pfingsten weitere fünf Wochen später. Alle Feiertage bekommen extra Farben oder Bildmotive, die die Kinder aufmalen oder ausschneiden und aufkleben.

Geburtstage
Zum Schluss werden die Geburtstage der Kinder markiert, mit Namen oder extra Symbolen oder Fotos von den Geburtstagskindern.
Jetzt ist das große Zeitrad fertig. Weiter geht es mit folgendem Spiel.

Ein ganzes Jahr (Spiel)

Das Zeitrad wird an einer großen Schlaufe aufgehängt, so dass jeder daran drehen kann. Die Kinder nehmen davor Platz. Die Erzieherin, Lehrerin oder Spielleitung dreht das Zeitrad auf das Datum des Tages. Damit beginnt die Zeit-Geschichte: Der Erwachsene erzählt vom heutigen Tag, vom nächsten Tag, von der nächsten Woche und dreht dabei das Zeitrad weiter, sodass die Schnur über dem entsprechenden Zeitabschnitt steht.
Der Erwachsene dreht das Rad auch auf den kommenden Monat, auf eine andere Jahreszeit, auf einen Festtag – und erzählt immer etwas Typisches von dieser Zeit. So führt der Erzähler die Kinder durch ein ganzes Jahr, dreht zum Schluss das Zeitrad wieder auf den heutigen Tag und beendet das Spiel mit den Worten: „Das ist der heutige Tag!"

1. Variante
Am nächsten Tag ist wieder ein Treffpunkt vor dem Zeitrad. Diesmal wählen die Kinder eine Jahreszeit aus. Diese wird auf dem Zeitrad eingestellt und Tag um Tag weitergedreht, dabei werden die Monate, vielleicht auch die Wochentage und auf jeden Fall die Feiertage und Geburtstage genannt und mit kleinen Geschichten ausgeschmückt.

2. Variante
An einem anderen Tag wählen die Kinder vielleicht eine Woche aus, einen Monat oder nur einen Festtag. Und das Spiel beginnt wieder aufs Neue: Mit dem Einstellen des Zeitrades, dem Weiterdrehen, dem Aufzählen der Jahreszeit, des Monats und Wochentags, mit Hinweisen auf die Feiertage und Geburtstage, und zum Schluss mit dem Einstellen auf den heutigen Tag.

3. Variante
Wenn die Kinder einmal Lust darauf haben, ein ganzes Jahr durchzunehmen, dann ist das sicher der Höhepunkt des Spiels! Die Kinder machen beim Aufzählen und Geschichtenerzählen mit. Wer etwas zu den entsprechenden Zeiten oder Festen weiß, darf loslegen. Auch die Geburtstagskinder kommen zu Wort.

Tipp
Dieses Zeitrad bleibt so lange hängen, wie die Kinder wollen, unter einer Bedingung: Täglich muss das Zeitrad auf den richtigen Tag eingestellt werden.

Das Datum

Der Kalender zeigt den weltweit genau festgelegten Zeitabschnitt und informiert über die Jahreszahl, den Ablauf der Wochen und Wochentage, und das Datum. Mit diesen Angaben können wir Termine, Absprachen und Zusammenkünfte vereinbaren, auch Termine, die erst in einer Woche, einem Monat oder einem Jahr stattfinden. Jeder kann in seinem Kalender seine Verabredungen notieren und am richtigen Tag am richtigen Ort sein.
Doch da fehlt noch eine Angabe, um sich wirklich zur rechten Zeit anzutreffen. Die Angaben morgens, mittags oder abends sind zu ungenau. Was jetzt gebraucht wird ist ein System mit noch kleineren Zeiteinteilungen: Die Uhrzeit!

Die Uhrzeit

Ist die Uhr lebendig?

Die Uhr geht vor, geht nach, läuft zu schnell, zu langsam, bleibt stehen oder rennt davon. So reden die Erwachsenen, und die Kinder denken: Wohin geht und läuft sie denn? Wo steht sie herum, wenn sie stehen bleibt? Ist die Uhr lebendig? Doch mit der Zeit verstehen die Kinder, was die Erwachsenen mit diesen Redewendungen meinen (mehr dazu ▶ S. 9 ff., 110 ff.). Eigentlich stimmt es ja, dass eine Uhr läuft: Es läuft das Räderwerk in den modernen Uhren (▶ S. 70 ff.), es wandert der Schatten bei den Sonnenuhren (▶ S. 62), es fließt das Wasser bei den Wasseruhren (▶ S. 63), es rinnt der Sand bei den Sanduhren (▶ S. 66).

Die Uhr als zweckmäßige Erfindung

Es ist spannend zu erfahren, wie es zur Erfindung der Uhr kam und was sich die Menschen alles ausdachten, um genauere Zeitabsprachen treffen zu können. Mit diesem historischen Wissen und den eigenen Beobachtungen bei den Uhren-Experimenten (▶ S. 66 ff.), wird es den Kindern leichter fallen, die heutige Uhrzeit mit ihrer Einteilung in Stunden, Minuten und Sekunden zu verstehen. Die Kinder erkennen auch, dass eine Uhrzeit nicht etwas von den Eltern willkürlich Ausgedachtes ist, sondern eine zweckmäßige Erfindung der Menschen von früher, dass dieses Zeitsystem für Erwachsene und Kinder gleichermaßen gilt, dass die Uhrzeit nicht etwas ist, das ständig neu eingestellt und verändert werden kann, sondern etwas, das konstant weiterläuft.

Warum die Menschen eine Uhrzeit haben wollten

Als die Menschen früher, ganz früher als Jäger und Früchtesammler durch die Wälder zogen, beachteten sie nur die Tages- und Nachtzeit. Als sie dann sesshaft wurden, in größeren Gruppen zusammenlebten und Hütten und Häuser bauten, wussten sie mittlerweile viel über Jahreszeiten und konnten ein Jahr in Monate und Tage aufteilen (▶ S. 24 ff., 32 ff.). Doch wenn sie sich an einem bestimmten Tag treffen wollten, klappte dies nicht immer. Die einen kamen zu früh und wunderten sich, dass sie auf die anderen warten mussten, die anderen kamen zu spät und ärgerten sich, wenn sie viel verpasst hatten. „Wir müssen eine Tageszeit genauer bestimmen können!", sagten sich die Menschen und die Epoche der Uhr-Erfindungen begann.

Landschaftsuhren

Der einfachste Zeitpunkt, den die Menschen miteinander vereinbaren konnte, war die Mitte des Tages. Das ist genau dann, wenn die Sonne am Himmel am höchsten steht. Die Menschen merkten sich dazu die Stelle am Horizont, über der die Sonne zur Mittagszeit stand, und teilten die Zeit davor und danach in Vor-Mittag und Nach-Mittag auf. Um diese zwei Tageshälften weiter zu unterteilen, schauten sie nach weiteren auffallenden Landschaftsformen wie Felsen, Hügeln und Tälern oder großen Bäumen, über denen die Sonne im Laufe des Tages steht.

Das war die erste Uhr der Menschen. Die Sonne war der Uhrzeiger. Jeder konnte sehen, wie sie von einem festgelegten Punkt in der Natur zum anderen wanderte. Jetzt konnten genaue Tageszeiten für ein Treffen vereinbart werden, z. B.: „Das Fest beginnt, wenn die Sonne genau über dem Tal steht!"

Steinuhren

Bald darauf hatten die Menschen eine andere Idee. Sie stellten, verteilt über eine große Fläche, große, hohe Steine zur Bestimmung der Tageszeit auf. Jetzt konnten die Zeitpunkte genauer festgelegt werden, je nachdem, über welchem Stein die Sonne im Verlauf des Tages zu sehen war.

Stabuhren

Bei den Steinuhren beobachteten die Menschen etwas Interessantes. Sie konnten sehen, wie die Schatten der Steine auf dem Erdboden mit dem Sonnenstand wanderten. So dauerte es nicht lange, da erfanden die Menschen Stabuhren. Sie stellten nicht mehr unter großen Kraftanstrengungen Hinkelsteine für ihre Uhr auf, sondern nahmen einen langen Stab, dessen Ende sie einfach senkrecht in die Erde bohrten. Der Schatten des Stabes war der Uhrzeiger, Markierungen auf dem Boden zeigten die Zeitabschnitte.
Die Sonnenuhr kam überall dort, wo die Sonne hin scheint, zum Einsatz. Die Tageszeit konnte in noch viel kleinere Abschnitte unterteilt werden. Das bedeutete, die Menschen konnten noch genauere Zeitabsprachen miteinander treffen, z. B.: „Wenn der Schatten auf den siebten Stein scheint, treffen wir uns zur Jagd!"

Zeiteinteilung (Experiment)

Die Kinder bauen die historischen Erfindungen von Uhren nach. Sie erkennen, dass die Uhrzeit eine von Menschen ausgedachte Sache ist. Sie lernen, wie mit einer Uhr die Zeit messbar ist und einzelne Markierungen als Uhrzeiten festgelegt werden können.
Dieses Experiment dauert vier Tage, jeden Tag wird eine weitere Unterteilung der Tageszeit vorgenommen.

Alter: ab 4 Jahren
Material: 1 großer Stab für die Sonnenuhr, evtl. 1 mit Sand, Erde oder Gipsbrei gefüllter Blumentopf, Kreide

1. Tag: Sonnenuhr aufstellen
Die Kinder stecken den Stab an einem sonnigen Platz draußen im Garten in die Erde, rundherum harken sie die Erde eben und streuen eventuell Sand aus. Eine Alternative für Steinböden ist, den Stab in einen mit Erde oder Gipsbrei gefüllten Blumentopf zu stecken und diesen auf einem Steinboden aufzustellen.

2. Tag: Anfang und Ende der Tageszeit
Die Kinder markieren den Anfang und Schluss der Kindergarten- oder Schulzeit. Dabei schauen sie nach der Schattenlinie des Stabes und ritzen dieser Spur entlang eine Linie in den Erdboden oder malen diese mit Kreide auf den Steinboden.

3. Tag: Mittagszeit
Der Begriff Mittag ist einfach zu erklären: Es ist der Zeitpunkt in der Mitte des Tages. Dieser Zeitpunkt ist daran zu erkennen, dass die Sonne am Himmel am höchsten steht und ihre Strahlen so auf die Erde fallen, dass die Schatten am kürzesten sind. Im Sommer ist sogar fast gar kein Schatten mehr zu sehen. Diese Schattenlinie der Mittagszeit ritzen oder malen die Kinder als Mittagslinie auf den Boden. Dabei ziehen sie die Linie etwas länger, damit sie gut zu sehen ist.
Jetzt können die Kinder auf ihrer Stabuhr die Zeit vor dem Mittag und nach dem Mittag ablesen. So sagen wir auch zu diesen Zeitabschnitten: Vormittag und Nachmittag.

4. Tag: Kleinere Zeiteinheiten

Die Kinder sprechen miteinander ab und entscheiden selbst, in wie viele Teile sie die beiden Tageshälften aufteilen wollen. Das können drei oder vier oder mehr Unterteilungen sein, die sie dann auf dem Boden markieren. Es brauchen nicht die genauen Stunden sein.
Und wie sollen diese Unterteilungen heißen? Stunden sind es noch nicht, denn Stunden haben eine exakt festgelegte Dauer. Die Kinder erfinden ein Phantasiewort für ihre Zeiteinteilung, wie z. B. Zeitteile oder Schattis (kommt von Schatten...) oder Uhries (kommt von Uhr).

Folgende Tage

Tags darauf werden einige Programmpunkte des Tagesablaufs nach der Zeit der selbst gebauten Stabuhr ausgerichtet und vereinbart, z. B. „Wenn der Schatten auf den 3. Strich fällt (oder wie dann die neue Zeiteinteilung genannt wird), dann treffen sich alle am Sandkasten!" Jetzt müssen die Kinder selber immer wieder auf die Stabuhr schauen, um zur vereinbarten Zeit am vereinbarten Ort zu sein.

Pünktlich sein! (Spiel)

Wie oft hören die Kinder Aussagen, in denen das Wort „pünktlich" vorkommt, z. B. „Sei pünktlich!", „Punkt 11 Uhr treffen wir uns!", „Wir gehen pünktlich los!" Bei diesem Spiel lernen die Kinder, was dieses „pünktlich" bedeutet.

Alter: ab 4 Jahren
Material: Stabuhr, Bauanleitung (▶ S. 60)

Die Kinder markieren die Unterteilungen diesmal nicht mit Linien, sondern mit dicken Punkten. Diese Punkte müssen nicht neu vermessen werden, sondern werden einfach über die Striche gesetzt oder gemalt. Zusätzlich werden die Punkte durchnummeriert, sodass alle Kinder die Zahlen in oder neben dem Punkt lesen können. Sind Kinder dabei, die noch keine Zahlen kennen, könnte dies ein Grund sein, diese Zahlen zu lernen.
Wieder wird der Tag anhand der Stabuhr festgelegt, und eine Zeitangaben könnte heißen: „Punkt 3 treffen wir uns an der Stabuhr! Seid auch pünktlich!" Jetzt können die Kinder selber den Begriff „pünktlich" umsetzen.

Sonnenuhren

Sonnenuhren gab es bei allen Urvölkern auf allen Kontinenten der Welt. Noch heute sind solche Sonnenuhren aus alter Zeit an Kirchtürmen, alten Häuserwänden oder auf Marktplätzen zu entdecken. Diese Sonnenuhren bestehen meistens aus einem Metallstab, der in einer Mauer steckt und dessen Schatten über eine Fläche mit gemalten oder eingemeißelten Stundenmarkierungen wandert.
Sehr originell ist auch die Lichtpunkt-Uhr. Das ist ein aufrecht stehender Stab oder Stein mit einem Loch an der Spitze. Der Sonnenstrahl fällt durch dieses Loch und erscheint als Sonnenpunkt auf einer Tafel, auf der Tagesstunden eingraviert sind.
Im alten Ägypten und bei den Maya-Indianern wurden als Sonnenuhren große Gebäude errichtet, mit Ecken, Kanten oder Stufen als Schattenmarkierung für die Uhrzeit.
Eine praktische Erfindung sind die Sonnenuhren in Kleinformat. Das sind kleine Ringe, die an einer Schnur als Kette um den Hals getragen oder in die Tasche gesteckt werden. Will man die Uhrzeit ablesen, wird der Ring einfach auf eine ebene Fläche gelegt und mit einem kleinen Stab nach der Sonne ausgerichtet. Nachbildungen dieser Sonnen-Taschenuhren sind als Schmuckstück heute wieder zu haben.
Die Sonnenuhr hat einen großen Nachteil. Was tun, wenn die Sonne nicht scheint und man bei Regen, Nebel oder bei Nacht wissen möchte, wie viel Uhr es ist? Die Menschen hatten bald Alternativen zur Sonnenuhr konstruiert (▶ S. 63 ff.). Wenn die Kinder von sich aus dieses Problem der Sonnenuhr feststellen, ist das der beste Anlass für das nachfolgende Spiel.

Uhren-Erfinder-Spiel

(Experiment)

Die Kinder überlegen, mit welchen Dingen und Systemen Zeit angezeigt werden kann. Bei diesen Experimenten ist es sehr wichtig, dass die Kinder untereinander austauschen, was sie überlegen und ausprobieren wollen. Im Gespräch miteinander vertiefen sie ihre Erkenntnisse über Zeitabläufe, Zeitabschnitte und Zeitmaße und lernen anhand ihrer Experimente die Zeit als ein Phänomen verstehen.

Alter: ab 6 Jahren
Material: Bastelsachen und Naturmaterial

Die Kinder erkennen das Problem der Sonnenuhr: Sie funktioniert nur bei Sonnenschein.
Die Aufgabe heißt nun: Welche Uhr geht auch bei Regenwetter?
Die Kinder können sich den ganzen Tag für ihre Erfindung Zeit lassen, denn es gilt diesmal, in der Gruppe eine Idee zu entwickeln. Wer eine Idee hat, sagt es den anderen und gemeinsam probieren die Kinder aus, ob es funktioniert. Erfahrungsgemäß führt jede Idee ein Schrittchen weiter. Am Schluss des Tages sollte die Erfindung fertig sein. Ob das gelingt?
Wenn nicht, erklären die Kinder, was sie bauen wollten und überlegen, woran es liegt, dass es nicht funktioniert. Vielleicht wird am Tag darauf ein Erwachsener mit den Kindern zusammen weiterarbeiten und die begonnenen Uhren-Erfindung weiterentwickeln.

Nach diesem Experiment finden die Kinder es sicher sehr spannend zu hören, welche Alternativen zur Sonnenuhr die Menschen damals, vor 3000 Jahren, erfunden haben.

Wasseruhren

Die älteste Wasseruhr wurde in Ägypten gefunden und soll 3000 Jahre alt sein. Es ist ein Topf mit einem kleinen Loch im Boden. Durch dieses Loch tröpfelt Wasser. Im Inneren des Topfes sind Zeichen markiert, die einer Skala gleichen. So konnte anhand des Wasserstandes die Zeit abgelesen werden.

Zwei Wasseruhr-Modelle

(Experiment)

„Die Zeit verrinnt" heißt eine Redewendung. Was damit gemeint ist, verstehen die Kinder, wenn sie eine Wasseruhr gebaut haben.

Alter: ab 4 Jahren
Material: 1 großer Blumentopf aus Ton (ohne Bodenloch), Ahle, 2 Holzstäbe, 1 große Schüssel, Wasser, Wachs, Trichter, wasserfester Filzstift; evtl. 1 durchsichtige Plastikflasche mit Schraubverschluss, Tinte oder Wasserfarben, Schnur

Tontopf-Wasseruhr
In den Boden eines großen Blumentopfes ein sehr kleines Loch mit der Ahle bohren.
Die Kinder legen die beiden Holzstäbe über die Schüssel, und zwar so, dass sie den Tontopf darauf abstellen können, ohne dass er zwischen den Stäben durchrutscht.
Sie gießen Wasser in den Tontopf.
Jetzt können die Kinder beobachten, wie das Wasser herauströpfelt.
Ist das Loch zu groß und das Wasser rinnt zu schnell heraus, kann die Öffnung mit Wachs verkleinert werden.
Nach einer Stunde den Vorgang stoppen, das restliche Wasser aus dem Tontopf gießen, das aufgefangene Wasser in der Schüssel mit Hilfe des Trichters in den Topf füllen (dabei das Loch im Boden zuhalten) und die Höhe des jetzigen Wasserstandes innen im Tontopf gut sichtbar markieren. So wissen die Kinder, wie viel Wasser in den Topf gefüllt werden muss, damit eine Stunde lang Wasser tröpfeln kann.
Ist die Stunde um, wird das Wasser wieder mit Hilfe des Trichters zurückgeschüttet oder neues Wasser bis zur Markierung aufgefüllt. So geht es immer weiter. Wie lange? Einige Stunden sollten die Kinder diese Arbeit schon aushalten.

Plastikflaschen-Wasseruhr

In den Schraubverschluss der Plastikflasche mit der Ahle ein sehr kleines Loch bohren. Den Flaschenboden ganz abtrennen oder ein dickes Loch bohren, damit Luft in die Flasche eindringen und das Wasser herauströpfeln kann. Ohne Luftloch würde in der Flasche nach kurzer Zeit ein Unterdruck entstehen, der verhindert, dass weiterhin Wasser herauslaufen kann. Wer will, kann das Wasser in der Plastikflasche mit Wasserfarben oder Tinte färben.

Danach die Flasche zuschrauben und an der Schnur so aufhängen, dass die Flasche senkrecht und kopfüber hängt, also mit dem Flaschenhals nach unten. Unter der Flasche die Schüssel aufstellen, damit das Tropfwasser aufgefangen werden kann. Rinnt das Wasser zu schnell, das Experiment unterbrechen, das Loch mit Wachs verkleinern und noch einmal von vorne beginnen.

Das Wasser eine Stunde herauströpfeln lassen, dann das restliche Wasser aus der Flasche gießen, das Tropfwasser aus der Schüssel mit Hilfe des Trichters in die Flasche zurückfüllen, die Flasche zuschrauben, dabei das Tropfloch zuhalten. Die Flasche wieder kopfüber aufhängen und auch gleich den Wasserstand mit einem wasserfesten Filzstift kennzeichnen. Dann ist die Uhr startbereit: Das Tropfloch freigeben – und das Wasser rinnt … und die Zeit verrinnt.

Auch diese Wasseruhr einige Stunden laufen lassen, das heißt für die Kinder, wenn die Flasche leer ist, rechtzeitig wieder Wasser auffüllen.

Feueruhren

Was tun, wenn es Winter ist und draußen das Wasser der Wasseruhr zu Eis friert? Das war der Anlass für die Menschen, eine Feueruhr zu erfinden. Genauer gesagt sind es Kerzenuhren. Die eingeritzten Linien entlang der Kerze sind die Stundenzeichen.

Die Menschen waren bei der Erfindung der Feueruhren besonders einfallsreich. Sie fädelten genau an den Stundenmarkierungen dünne Schnüre durch die Kerzen und hängten jeweils eine kleine Metallkugel daran. War die Kerze entsprechend tief abgebrannt, entzündete sich die Schnur, brannte durch, die Metallkugel fiel herab und landete mit lautem Ton in einem Metallgefäß. Dieser Stundenschlag war nicht zu überhören.

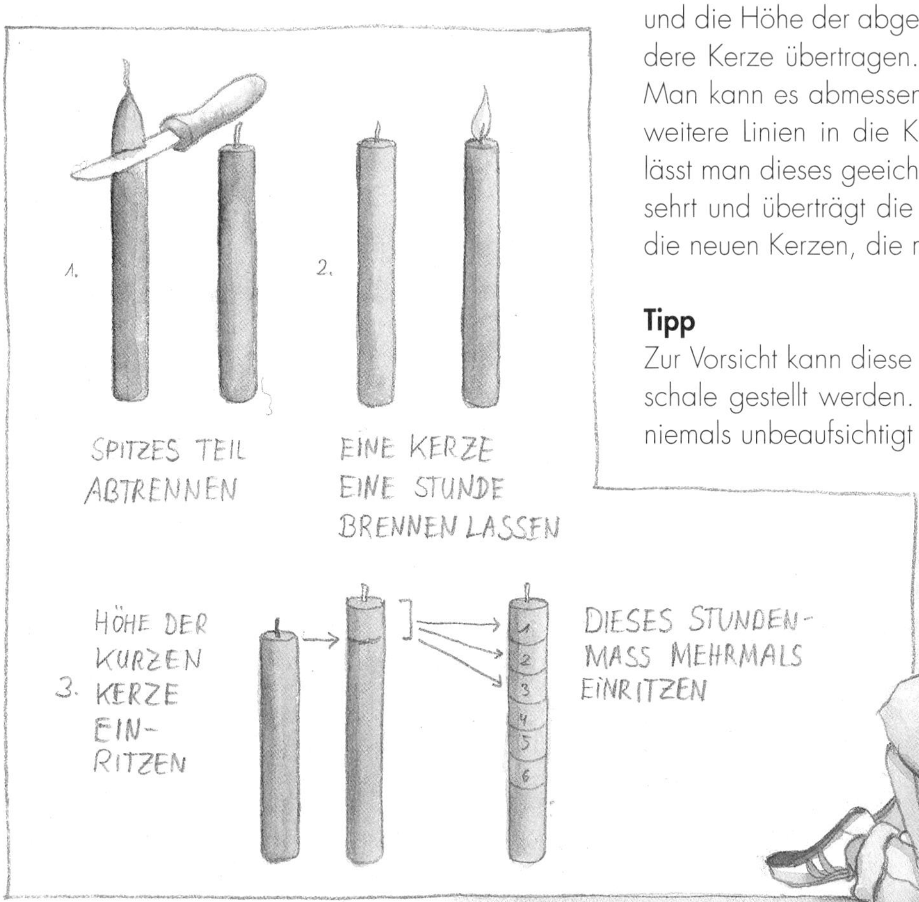

Kerzenuhr-Modell

(Experiment)

Das Abbrennen einer Kerze geht langsam, so können die Kinder gleich ein paar Stunden eingravieren und ohne weiteres Dazutun beobachten, wie die Zeit stundenweise vergeht. Eine gute Übung für das Zeitgefühl.

Alter: ab 5 Jahren
Material: mindestens 2 gleiche Haushaltskerzen, 1 Messer, 2 Kerzenständer, 1 Nagel, Feuerzeug; evtl. Wasserschale

An den Kerzen die spitz zulaufenden oberen Teile abschneiden, dabei darauf achten, dass beide Kerzen wirklich gleich lang bleiben.

Jetzt eine der beiden Kerzen anzünden und eine Stunde brennen lassen. Dann die Kerze ausblasen und die Höhe der abgebrannten Kerze auf die andere Kerze übertragen. Das ist das Stundenmaß. Man kann es abmessen und im gleichen Abstand weitere Linien in die Kerze einritzen. Am besten lässt man dieses geeichte Kerzenuhr-Modell unversehrt und überträgt die Stundenstriche jeweils auf die neuen Kerzen, die man anzünden will.

Tipp

Zur Vorsicht kann diese Kerzenuhr in eine Wasserschale gestellt werden. Die brennende Kerzenuhr niemals unbeaufsichtigt lassen.

Sandurhen

Was ist, wenn bei der Feueruhr die Flamme ausgeht, z. B. durch einen Windstoß? Um das zu verhindern, müsste eine Feuerwache aufgestellt werden, jemand, der aufpasst und schnell wieder das Licht anzündet, sollte es einmal gelöscht sein. Die Menschen, die dieses Problem erkannten und lösen wollten, kamen auf eine andere Idee und erfanden eine Uhr, die bei Wind und Wetter funktioniert: die Sanduhr.
Dieser Uhrentyp kam im 13. Jh. in Gebrauch. Es ist ein Glasgefäß, das aus zwei gleich großen Teilen besteht, diese sind durch einen Verschluss miteinander verbunden. Der obere Teil ist mit feinem Sand gefüllt. Durch eine kleine Öffnung zwischen den beiden Teilen rieselte der Sand in den unteren Teil. War eine Stunde um, war der obere Teil leer. Das Doppelglas wurde umgedreht, und der Sand konnte wieder rieseln.
Jede Stunde musste das Sanduhrenglas umgedreht werden. Oft wurde diese Handlung mit einem lauten Gongschlag angekündigt. So wusste jeder, der dies hörte, dass wieder eine Stunde vergangen war.
Eine Sanduhr übt auf den Betrachter eine besondere Faszination aus: Still und bald schon verträumt schaut man zu, wie im oberen Glas der Sand leise und unaufhörlich wegrinnt und sich im unteren Glas im gleichen Tempo zu einem Sandberg auftürmt. Es ist, als könnte man das Verrinnen der Zeit beobachten. Das fasziniert auch die Kinder. Eine Erfahrung, über die sie sich unterhalten können, wenn sie ihre eigene Sanduhr gebaut haben und diese beobachten.

Sanduhren-Modell

(Experiment)

Die Redewendung „Die Zeit zerrinnt zwischen den Fingern" passt auch gut zu den Sanduhren. Die Kinder werden sie verstehen, wenn sie diese Uhr gebaut haben.

Alter: ab 4 Jahren
Material: 2 Plastikflaschen mit Schraubverschluss, Ahle, Klebstoff für Plastik oder Metall, feiner Vogelsand, Schüssel, Trichter, Schnur
Vorbereitung: Bevor das Bauen der Sanduhr beginnt, sollten die Kinder etwas über die Erfindungen der Wasser- und Feueruhren (▶ S. 63 ff.) gehört haben. Dann erkennen sie auch den Vorteil einer Sanduhr.

Die zwei Plastikflaschen mit Deckel sind das Uhrengehäuse.
Die Schraubverschlüsse mit dem Boden gegeneinander kleben. Durch diesen Doppelboden mit der Ahle ein kleines Loch stechen.
In eine der beiden Flaschen den feinen Vogelsand füllen, den zusammengeklebten Doppeldeckel daraufschrauben und die Flasche mit der Schnur so aufhängen, dass der herausrieselnde Sand in der Schüssel aufgefangen wird.
Ist eine Stunde um, den Vorgang stoppen und den restlichen Sand aus der Flasche entfernen. Die Menge des Sandes in der Schüssel ist jetzt genau die Menge, mit der die Sanduhr gefüllt werden muss, wenn sie eine Stunde rieseln soll.
Den aufgefangenen Sand mit einem Trichter in die Flasche zurückfüllen.
Die Flasche mit dem Doppel-Schraubverschluss verschließen und auf den anderen Teil des Doppelverschlusses die andere Flasche eindrehen. Die Sanduhr senkrecht aufstellen, und schon rieselt der Sand von der oberen Flasche in die untere. Ist die obere Flasche leer, ist eine Stunde um. Soll die Uhr weiterlaufen, also der Sand weiter rieseln, muss

die Sanduhr gleich umgedreht werden. Diesmal passen alle Kinder auf, damit sie diesen Moment nicht verpassen.
Wer darf die Uhr umdrehen? Das wird vorher ausgemacht.
Und wie lange geht das Sanduhren-Spiel? Am besten einen ganzen Tag lang.

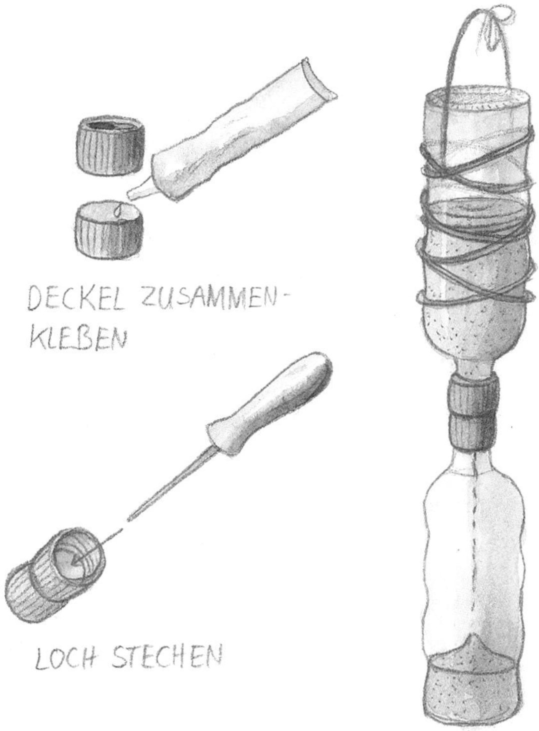

Der Stundenschlag (Spiel)

Ein Stundenschlag hat es in sich. Laut ist zu hören, wenn eine Stunde nach der anderen vergangen ist. Die Kinder erleben, wie die Zeit vergeht und dass dabei ihre Spiele nicht unterbrochen werden müssen, sondern fortgesetzt werden können. Denn die Stunden sind nur dazu da, den Tag einzuteilen oder Zeitabsprachen zu treffen, mehr aber nicht.

Alter: ab 4 Jahren
Material: selbst gebaute Wasser- oder Sanduhr (▶ S. 63, 66), großer Gong oder ein anderes, laut klingendes Musikinstrument

Mit lautem Gongschlag soll der Stundenschlag zu hören sein, so wie die Menschen früher die neue Stunde ankündigten.
Die „Stundenkinder" werden eingeteilt. Ihre Aufgabe ist es, der Reihe nach über den Tag verteilt die Uhr zu beobachten. Ist eine Stunde um, schlägt das „Stundenkind" den Gong an, füllt die Wasseruhr wieder auf oder dreht die Sanduhr um und geht zu dem Kind, das als nächstes „Stundenkind" eingeteilt ist.
Dass bei diesem Umfüllen oder Umdrehen ein paar Sekunden oder Minuten vergehen und die fortlaufende Zeit ungenau wird, ist bei diesem Spiel nicht wichtig.

Weitere Uhrenerfindungen

Einen Nachteil hat auch die Sanduhr. Wird sie nicht rechtzeitig umgedreht, setzt die darauf folgende Stunde später ein und die Genauigkeit der Tageseinteilung in Stunden geht verloren. Auch lässt sich eine Sanduhr nicht mitnehmen oder in eine Tasche stecken. Sie könnte kippen und die Zeit würde sozusagen rückwärts laufen, wenn der Sand wieder in den oberen Teil des Doppelglases zurückrieselt. Ob die Kinder selber auf diese Nachteile kommen?
Dieses Problem war sicher ein Anlass, die Uhrenerfindungen weiter voranzutreiben, um ein Uhrwerk zu schaffen, das weder Sonne, noch Wasser oder Sand braucht, das groß und klein sein und überall aufgestellt werden kann. Die mechanische Uhr wurde erfunden. Sie erfüllte alle diese Anforderungen.

Neuzeitliche Uhren

Mechanische Uhren

Diese Uhren heißen auch Räderuhren, denn ihr Innenleben besteht aus einem Räderwerk mit vielen großen und kleinen Zahnrädern. Räderuhren wurden im 12. Jh. erfunden und anfangs mit Gewichten und Seilzügen zum Drehen gebracht. Um 1500 gab es dann den Federantrieb und 100 Jahre später war das Uhrenpendel erfunden. Die ersten mechanischen Uhren wurden als Turmuhren gebaut. So konnten alle mit einem Blick auf den Rathausturm oder Kirchturm die Uhrzeit ablesen. Anfangs gingen diese Turmuhren nicht sehr genau und mussten immer wieder neu eingestellt werden. Dabei orientierte sich der Uhrmacher, der diese Arbeit verrichtete, nach der bewährten Sonnenuhr. Denn bei der Sonne gab es weder ein Vorgehen, noch ein Nachgehen.

Elektrische Uhren

Die Entwicklung der Uhrentechnik ging weiter. Als Neuerung wurde das Uhrwerk mit Strom oder mit Batterien in Bewegung gesetzt. Und so ist es bis heute geblieben.
Die höchste Präzision zeigt die astronomische Uhr. Diese wird in einem Raum mit geringen Luftdruck- und Temperaturschwankungen aufgestellt, so dass die eingesetzten Uhrenteile sich nicht mehr verändern.

WANDUHR

STANDUHR

STOPP-UHR

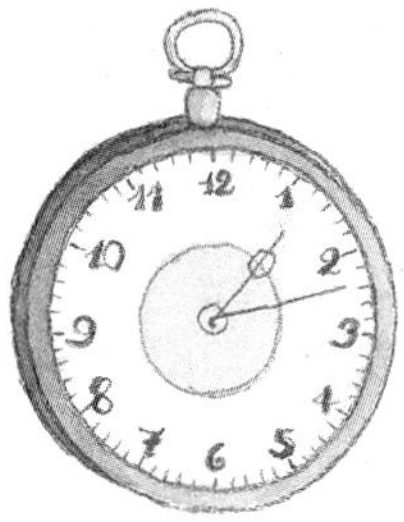
TASCHEN-UHR

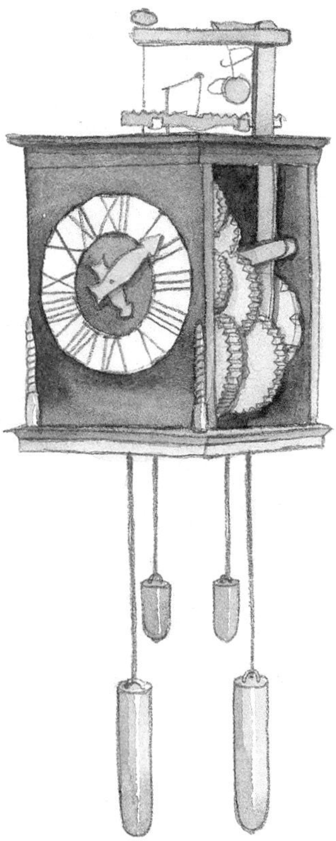
RÄDERUHR

KUCKUCKSUHR

KÜCHENWECKER

Auf Uhrensuche (Spiel)

Eine Uhr ist etwas für Erwachsene, denken viele Kinder. Doch zukünftig werden auch die Kinder die Uhren beachten. Dazu dieses Spiel.

Alter: ab 3 Jahren
Material: Uhren aller Art und überall

Gibt es im Kindergarten Uhren? Das sollen die Kinder selber herausbekommen. Wie Detektive wandern sie allein durch das Haus und suchen überall nach großen und kleinen Uhren. Wieder zurückgekehrt, erzählen sie von ihren Entdeckungen.
Doch wie heißen all diese Uhren, die sie gesehen haben?
Noch einmal zieht die Gruppe los, diesmal mit der Erzieherin oder der Lehrerin. Die Kinder führen an die Stellen, wo sie Uhren gesichtet haben. Jetzt werden alle Uhren genau benannt.
Diese Uhren könnten dabei sein:

- Armbanduhr
- Taschenuhr
- Wecker
- Küchenwecker
- Eieruhr
- Sanduhr
- Stoppuhr
- Wanduhr
- Standuhr
- Pendeluhr
- Kuckucksuhr
- Kirchturmuhr

Uhrensammlung

(Basteln + Spielen)

Die Kinder lernen die unterschiedlichsten Uhrenmodelle kennen. Da sind sicher auch welche dabei, die die Kinder bisher als Uhr nicht erkannt oder beachtet haben.

Alter: ab 3 Jahren
Material: Kataloge und Prospekte, in denen Uhren abgebildet sind, Scheren, Klebstoff, Poster oder großer Papierbogen

Die Materialien auf dem Basteltisch ausbreiten.
Die Kinder blättern in den Katalogen oder Prospekten und schauen nach Uhren aller Art.
Wer eine Uhr entdeckt, schneidet diese aus und klebt sie auf das große Poster. Diese Arbeit ist erst beendet, wenn das Poster vollständig mit Uhren gefüllt ist.
Und wie heißen diese Uhren alle? Einer zeigt auf eine Uhr, und das Kind, das weiß, wie sie genannt wird, sagt es laut.

Spiel
Ein Kind fragt z. B.: „Wo ist die Kuckucksuhr?"
Wer es weiß, zeigt auf diese Uhr und darf die nächste Frage stellen.

WECKER

KIRCHTURMUHR

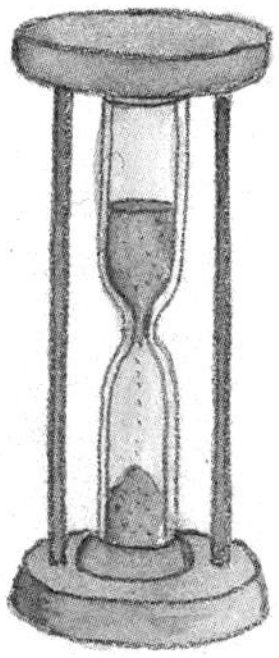
SANDUHR

ARMBANDUHR

PENDELUHR

Rätsel

Es geht und gehet immer fort,
und bleibt doch stets am selben Ort.
Was ist das?

Die Uhr

Die Uhr läuft

Damit ein Uhrenlaufwerk läuft, wird es in Bewegung gesetzt: Große, alte Wecker und Kaminuhren werden mit einem Schlüssel aufgezogen. Genauer gesagt, dreht man mit diesem Schlüssel eine Metallspirale im Uhrengehäuse zusammen, die sich dann wieder ausdehnt und dabei das Uhrwerk in Bewegung setzt. Armbanduhren, die nicht mit einer Batterie ausgestattet sind, werden an kleinen Rädchen aufgezogen. Dieses heißt Krone, weil es ein bisschen so aussieht. Wanduhren und Kuckucksuhren werden mit hängenden Gewichten in Bewegung versetzt und moderne Uhren werden mit Batterien oder elektrischem Strom zum Laufen gebracht.
„Die Uhr läuft!", sagen wir dann. Doch was läuft da? Es sind die Uhrenräder, die sich drehen. Alle Räder zusammen heißen Laufwerk. Eigentlich müssten sie ja Drehwerk heißen.
Die Uhrenräder haben an der Außenkante viele Zacken, die wie Zähnchen aussehen. Deshalb heißen sie Zahnräder. Sie sind alle miteinander verzahnt, d. h., sie sind so dicht montiert, dass die Zapfen ineinander greifen. Dreht sich ein Zahnrad, drehen sich alle anderen mit. Diese Drehbewegung wird auf die Uhrenzeiger übertragen.

Ein Rad ist dabei, das bewegt sich besonders schnell, vorwärts und rückwärts, ganz unruhig zappelt es hin und her. Und so heißt es auch: Unruh!

Die Uhr tickt

Manche Uhren ticken so laut, dass sie nicht zu überhören sind. Andere ticken sehr leise, so dass man sein Ohr an das Uhrgehäuse halten muss, um den Ton zu hören.
Was tickt denn da? Diese Frage kann auch den Kindern gestellt werden. Vielleicht weiß ein Kind mehr darüber? Vielleicht erfindet eines eine phantasievolle Begründung?
Wenn die Kinder wissen wollen, was in der Uhr wirklich tickt, lässt sich der Uhrmechanismus z. B. so erklären: Es ist eine „Anker-Hemmung", bei der ein „Anker" abwechselnd in das „Hemmrad" greift und dabei das Drehen der Räder stoppt, und dann wieder zurückschwingt. Dabei lässt er einen Zahn des Zahnrades vorbeirutschen. Dieses Stoppen ist als Uhrticken zu hören.

Das tickende Räderwerk
(Experiment)

Das Geheimnis der tickenden Uhr wird gelüftet! Die Kinder beobachten, wie das Räderwerk einer Uhr funktioniert und erkennen, dass die Uhr sich nur dann bewegt, also läuft und tickt, wenn das Uhrwerk aufgezogen oder eine Batterie eingelegt wird.

Alter: ab 3 Jahren
Material: 1 ausrangierte Uhr (aus der Abfallkiste eines Uhrmachers, oder die Eltern werden per Brief oder Aushang danach gefragt – die Uhr braucht nicht mehr genau zu gehen, Hauptsache, das Räderwerk bewegt sich noch), kleiner Schraubenzieher

Die Kinder schrauben die Rückseite des Uhrgehäuses ab, ziehen die Uhr auf und schauen in das Uhrgehäuse. Woher kommt dieses tickende Geräusch? Das finden sie selber heraus und beobachten auch die Bewegungen des ganzen Räderwerks.

Uhren-Ticken (Musikspiel)

Das laute Ticken der Uhr klingt wie ein Musikinstrument, das zum Mitspielen auffordert. Die Kinder lernen, auf diesen Rhythmus einer Uhr zu hören. Sie erkennen, dass ein Uhrticken sehr gleichmäßig klingt – sie wissen auch, wie dieses Ticken entsteht (s. o.) und ahmen es in ihrem Spiel nach.

Alter: ab 3 Jahren
Material: tickende Uhr, leise klingende Rhythmusinstrumente

Jedes Kind wählt ein Instrument und probiert aus, wie es leise Töne damit spielen kann, denn die sind diesmal gefragt.
Dann lauschen die Kinder dem Ticken der Uhr. Wer meint, den Rhythmus des Tickens erfasst zu haben, spielt auf seinem Instrument mit.
Zum Schluss ist sicher das Ticken der Uhr nicht mehr zu hören, dafür umso mehr das Rhythmusspiel der Kinder.

Variante
Ein Kind spielt die Uhr und beginnt mit seinem Instrument ein gleichmäßiges Uhrenticken zu imitieren. Die anderen Kinder hören zu, und wer meint, den Rhythmus mitspielen zu können, setzt mit seinem Instrument ein.

Große Uhren gehen tick-tack (Spiellied)

Die Kinder sind bei diesem Lied selbst die tickenden Uhren und bewegen sich in unterschiedlich schnellen Rhythmen.

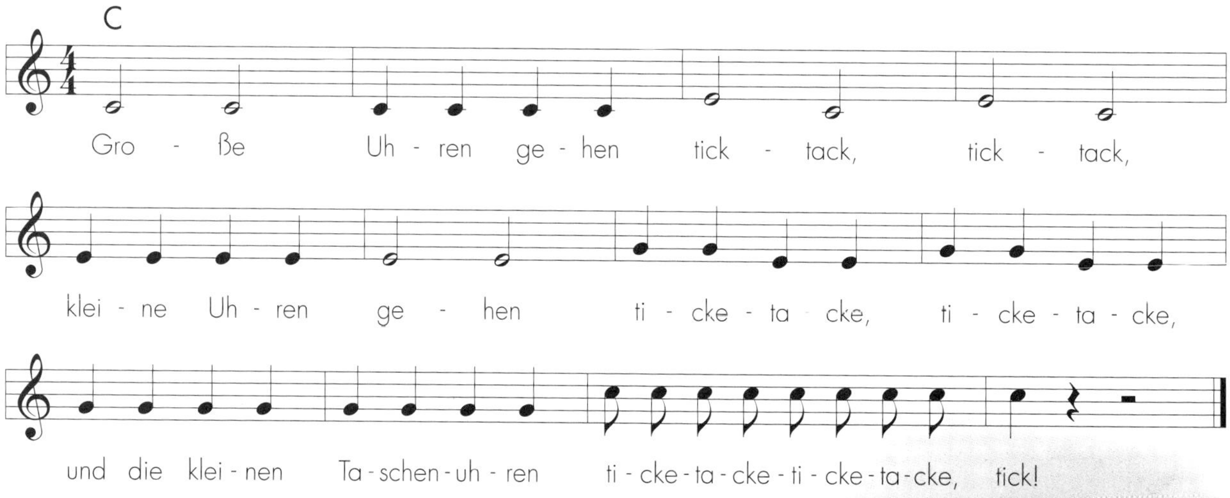

Große Uhren gehen
tick-tack, tick-tack,
kleine Uhren gehen
ticke-tacke, ticke-tacke,
und die kleinen Taschenuhren
ticke-tacke-ticke-tacke, tick!

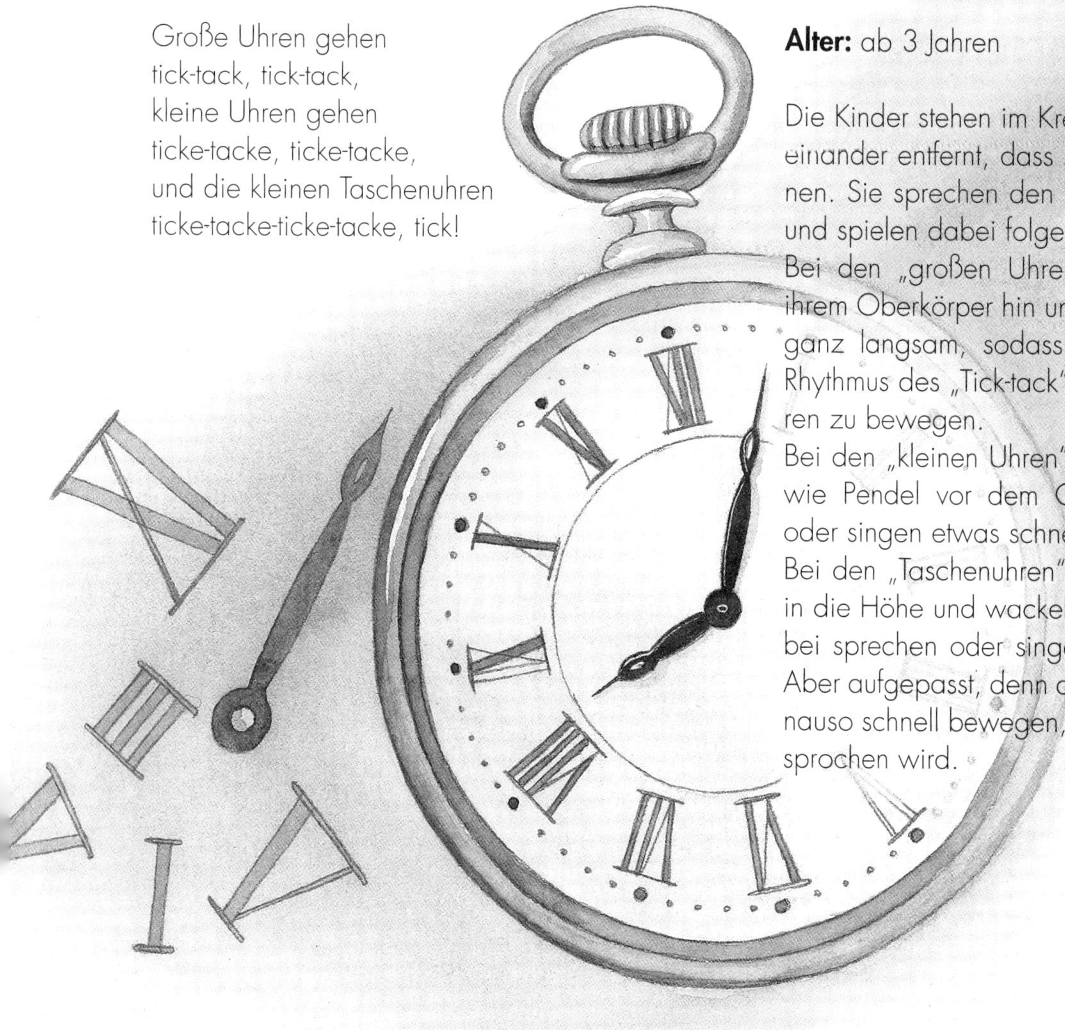

Alter: ab 3 Jahren

Die Kinder stehen im Kreis, und zwar so weit voneinander entfernt, dass sie sich gut bewegen können. Sie sprechen den Vers oder singen das Lied und spielen dabei folgendes:
Bei den „großen Uhren" bewegen sie sich mit ihrem Oberkörper hin und her. Dabei sprechen sie ganz langsam, sodass sie Zeit haben, sich im Rhythmus des „Tick-tack" von einer Seite zur anderen zu bewegen.
Bei den „kleinen Uhren" schwingen sie ihre Arme wie Pendel vor dem Oberkörper und sprechen oder singen etwas schneller.
Bei den „Taschenuhren" strecken sie einen Finger in die Höhe und wackeln mit ihm hin und her. Dabei sprechen oder singen sie so schnell es geht. Aber aufgepasst, denn die Finger sollen sich ja genauso schnell bewegen, wie das „Ticke-tacke" gesprochen wird.

Zahnräder-Kunstwerk

(Basteln)

Wie Zahnräder miteinander verzahnt sind und sich gegenseitig weiterdrehen, erkunden die Kinder bei diesem Bastelmodell.

Alter: ab 5 Jahren
Material: Wellpappe, Scheren, Klebstoff, dicker Karton, lange Stecknadeln

Die Wellpappe in etwa 2 – 3 cm breite Streifen schneiden.
Diese Streifen in verschiedene und unterschiedlich große Räder aufrollen, mit der gewellten Seite nach außen.
Die Wellpapperäder ganz dicht zusammenschieben und auf den Karton legen. Die Räder müssen so dicht nebeneinander liegen, dass die Wellen der Wellpappe wie die Zähne der Zahnräder ineinander greifen. Die Wellpapperäder sollten allerdings nicht zu stark gegeneinander geschoben werden, sonst lassen sie sich nicht mehr drehen.
Jedes Rad mit einer Stecknadel in der Mitte auf dem Karton festpieksen.
Wird jetzt an einem Wellpappenrad gedreht, drehen sich auch die anderen Räder mit.

Variante
Jedes Kind bastelt nur ein oder zwei Wellpappezahnräder. Zum Schluss werden alle Pappräder zu einem großen, beweglichen Zahnrad-Modell zusammengebaut.

Die Uhr lesen

„Wir lesen die Uhrzeit ab“, sagen wir. Und was genau lesen wir? Sind es Wörter oder Buchstaben oder ...? Eine Frage, deren Antwort die Kinder zuerst einmal selber finden sollten, bevor die Erklärungen von Ziffern und Zifferblatt beginnen.

Eine Uhr abmalen (Malen)

Sicher haben die Kinder schon oft auf eine Uhr geschaut – haben sie auch wirklich alles gesehen? Das Abmalen unterstützt das genaue Hinsehen.

Alter: ab 5 Jahren
Material: als Anschauungsmaterial eine möglichst große Uhr, Papier und Malstifte

Die Kinder erhalten die Aufgabe: Malt ein Zifferblatt ab.
Dabei werden sie vielleicht beobachten, dass sie einen der beiden Zeiger nicht genau platzieren können, weil er immer wieder an eine andere Stelle rückt. Gut beobachtet!

Zifferblatt und Zeiger

Nach dem Malspiel ist die beste Gelegenheit, den Kindern das Ablesen der Uhrzeit zu erklären, denn jetzt kennen sie Zifferblatt und Zeiger.

Zifferblatt
Das Wort sagt bereits, was normalerweise zu sehen ist: Ziffern auf einem Blatt. Eigentlich ist es kein Blatt, sondern viel dicker und stabiler. Nicht alle Zifferblätter sind rund. Es gibt verschiedene Formen, viereckige, dreieckige, quadratische, ovale.

Zahlen
Die Zahlen, die auf einem Zifferblatt stehen, gehen normalerweise von 1 bis 12 oder bis 24. Diese Zahlenzeichen haben wir von den Arabern übernommen, deshalb nennen wir sie auch arabische Zahlen. Es können anstatt der arabischen Zahlen auch Striche oder Punkte oder sonst etwas zu sehen sein, oder nur die Zahlen 3, 6, 9 und 12. Manche Uhren, vor allem die ganz alten Modelle, zeigen „römische Zahlen“, deren Zeichen für 1 bis 12 so aussehen: I, II, III, IV, V, VI, VII, VIII, IX X, XI, XII (▶ S. 72).

Uhrzeiger
Sie heißen so, weil sie die Uhrzeit anzeigen. Und wie zeigen sie die Zeit an? Indem sie auf die Ziffern des Zifferblattes zeigen. Jede Ziffer steht für eine Stunde. Doch aufgepasst, tagsüber ist die Stunde 1 eigentlich die 13. Stunde vom Tag, denn 1 Uhr ist tagsüber 13 Uhr. Und wenn der Minutenzeiger auf der Zahl 1 landet, bedeutet das nicht 1 Minute, sondern 5 Minuten. Ganz schön kompliziert. Deshalb müssen das die Kinder einfach lernen, z. B. mit dem großen Super-Lern-Spiel auf Seite 89 ff.

Das wilde Tier (Spiellied)

Dies ist ein Spiellied aus Urgroßmutters Zeiten und heute wie damals bei den Kindern sehr beliebt. Sie zählen in banger Erwartung des „wilden Tieres" die Stunden von eins bis zwölf. Wer schon zählen kann und den Liedtext beherrscht, singt laut vorneweg. So lernen es die Kleinen von den Großen.

Alter: ab 4 Jahren

Ein Kind spielt das „wilde Tier" und versteckt sich. Die anderen Kinder halten sich an den Händen und wandern singend im Kreis. Sobald die Kinder „um zwölf da kommt's!" gesungen haben, rennt das „wilde Tier" aus seinem Versteck hervor, alle Kinder fliehen und das „wilde Tier" versucht ein Kind einzufangen. Das gefangene Kind spielt als nächstes das „wilde Tier".

Die Stunden

Die Aufteilung eines Tages in zweimal 12 Stunden ist eine willkürliche Festlegung der Menschen. Diese Idee hatten sie vor etwa 1000 Jahren. Bis heute ist das so geblieben. Obwohl in der Zwischenzeit immer wieder versucht wurde, die Uhrzeit in andere Einheiten aufzuteilen, genauer gesagt in andere Zahlensysteme, z. B. in das Zehnersystem. Aber das ist nicht gelungen.
Da haben die Menschen mittlerweile Autos und Flugzeuge erfunden, können mit Raketen auf dem Mond landen, E-Mails schreiben und mit drahtlosen Handys telefonieren. Doch wenn wir Zeitangaben machen, benützen wir bei den Stunden ein Zahlensystem, das 1000 Jahre alt ist und von den Arabern stammt, und bei den Minuten und Sekunden ein Zahlensystem, das von den Babyloniern stammt, die Grundzahl 60 hat und „Sexagesimalsystem" heißt.
In unserem Rechensystem gebrauchen wir das Zehnersystem. Danach die Uhrzeit einzuteilen wäre sinnvoll gewesen. Doch die Uhren gehen nun mal anders und deshalb heißt es für die Kinder: Lernen und durch Spiele verstehen, was die Uhr anzeigt.

Die Stundenzahlen auf dem Zifferblatt (Spiel)

Die Kinder enträtseln die Anordnung der Zahlen auf dem Zifferblatt. Sie finden heraus, dass die Zahlen im Kreis angeordnet sind, in der Reihenfolge, wie sich die Uhrzeiger drehen, also rechts herum. Die Kinder lernen auch die Zahlenreihe von 1 bis 24.

Alter: ab 4 Jahren
Material: 1 großer Papierbogen, 1 dicker Filzstift, 1 große echte Uhr, auf der die Ziffern 1 bis 24 zu sehen sind (normalerweise sind die Ziffern von 13 bis 24 kleiner und stehen neben den Ziffern 1 bis 12) und bei der man den Stundenzeiger leicht drehen kann

Der Tag hat 24 Stunden. Wer von den Kindern kann bis 24 zählen? Und wie sehen die Zahlen dazu aus?
Die Zahlenreihe von 1 bis 24 auf ein großes Blatt Papier untereinander schreiben.
Den Papierbogen an einer Wand befestigen.
Nun heißt die Aufgabe: „Wer findet eine Zahl, die hier aufgeschrieben ist, auch auf dem Zifferblatt der Uhr?"
Die Kinder schauen die Uhr an und vergleichen die Zahlen der Zahlenreihe mit den Ziffern des Zifferblattes.
Kann ein Kinder eine Zahl nennen und auch auf die entsprechende Ziffer des Zifferblattes zeigen, wird die Zahl auf dem Papier durchgestrichen.
Sind alle Zahlen genannt, ist das Spiel zu Ende.

1. Variante

Am nächsten Tag geht das Lesenlernen der Stunden als Ratespiel weiter. Einer stellt z. B. die Frage „Wo ist die Drei?" oder „Zeige mir drei Uhr!"
Wer es weiß, zeigt auf die richtige Stelle des Zifferblattes.

2. Variante

Ein andermal zeigen die Kinder nicht mehr mit ihrem Finger auf die richtige Ziffer, sondern drehen den Stundenzeiger an die richtige Stelle.

Warum werden die Stunden so angezeigt?

(Gespräch)

Bei diesem Gespräch kommen die Kinder den Besonderheiten einer Uhranzeige auf die Spur. Da gibt es einiges zu lernen was scheinbar unlogisch ist.

Alter: ab 6 Jahren
Material: 1 Uhr, auf deren Zifferblatt die Ziffern 1 bis 12 stehen

Die Kinder gehen den folgenden Fragen nach und suchen nach Erklärungen. Dabei werden sie vielleicht alternative Vorstellungen entwickeln, wie sie die Stunden auf einem Zifferblatt darstellen könnten.

1. Frage
Die Kinder kennen die Zahlenreihe 1 bis 24 und wissen, dass ein Tag in 24 Stunden eingeteilt ist. Doch warum ist das Zifferblatt nur in 12 Stundenabschnitte aufgeteilt und nicht in 24.

2. Frage
Weil das Zifferblatt nur 12 Stunden anzeigt, muss sich der Zeiger am Tage zweimal im Kreise drehen. Warum ist das so?

3. Frage
Warum zeigt die Uhr nicht Tag und Nacht an? So muss man zuerst in den Himmel schauen, ob es taghell oder nachtdunkel ist, um zu wissen, ob es 1 Uhr tags oder nachts ist. Genauer gesagt, ob es 13 oder 1 Uhr ist.

4. Frage
Die 12 steht ganz oben, die 1 daneben. Wer eine Zahlenreihe aufsagt, beginnt normalerweise mit der Zahl 1. Warum steht die 1 nicht ganz oben?

Vormittagszeit und Nachmittagszeit

(Aktion)

Die Kinder lernen beim Blick auf die Uhr auch zu beachten, ob es Vormittag oder Nachmittag ist.

Alter: ab 5 Jahren
Material: je 1 blauer und grüner Karton, 2 ziemlich gleich aussehende Uhren mit traditionellem Zifferblatt (z. B. alte Wecker, die mit einem Aushang im Kindergarten gesucht werden, oder billige Uhren, die es immer wieder in Kaufhäusern zu erbeuten gibt), evtl. 1 Tuch

Auf den blauen und grünen Karton jeweils eine Uhr stellen. Sind die Uhren zum Aufhängen, zuerst die beiden Kartons an der Wand befestigen und darauf die Uhren. Die Uhren sollten so befestigt sein, dass sie leicht wieder abzuhängen sind.
Die eine Uhr wird zur Vormittags-Uhr, die andere zur Nachmittags-Uhr erklärt. Es darf immer nur eine Uhr gehen bzw. sichtbar sein, die andere wird abgestellt, mit einem Tuch zugehängt oder umgedreht.
So schauen die Kinder vormittags auf die eine Uhr und nachmittags auf die andere. Mit einem lauten Gongschlag wird der Austausch der Uhren angekündigt.

Fortsetzung
Nach einer Woche entscheiden sich die Kinder für eine Uhr. Diese Uhr zeigt nun Vormittag und Nachmittag an. Jetzt haben die Kinder den Übergang von den Vormittags- in die Nachmittags-Stunden verstanden und gelernt.

Hexenzeit

Morgens früh um sechs
kommt die kleine Hex.
Morgens früh um sieben
schabt sie gelbe Rüben.
Morgens früh um acht
wird Kaffee gemacht.
Morgens früh um neun
geht sie in die Scheun'.
Morgens früh um zehn
holt sie Holz und Spän.
Feuert an um elf,
kocht dann bis um zwölf:
Fröschebein und Krebs und Fisch.
Hurtig, Kinder, kommt zu Tisch!

Wanduhr (Basteln)

Bei dieser Bastelarbeit bauen die Kinder alle wichtigen Teile einer Uhr nach und lernen, was alles zu einer Uhr gehört: Zifferblatt mit allen Ziffern, Uhrgehäuse, zwei unterschiedliche Zeiger, Gewichte als Antrieb. Dass diese Uhr nicht läuft, ist zweitrangig. Wer will, kann seine Uhr immer wieder neu einstellen, denn die Zeiger sind beweglich.

Alter: ab 3 Jahren
Material: 1 kleine Schachtel, Pappe, Schere, Ahle, Klebstoff, Malstifte, Musterklammer, Schnur, zwei Tannen- oder Kiefernzapfen

Die kleine Schachtel ist das Uhrgehäuse.
Die Pappe so zurechtschneiden, dass sie über die Schachtel hinausreicht, wenn sie aufgeklebt wird.
Auf die Pappe das Zifferblatt mit allen Ziffern malen. Die Kinder entscheiden selbst, ob sie nur die Ziffern 1 bis 12 oder auch die Ziffern 13 bis 24 aufmalen wollen.
Die unterschiedlich großen Zeiger auf Pappe aufmalen und ausschneiden. Die Länge der Zeiger muss gut überlegt sein, damit sie auf das Zifferblatt passen.
Mit der Ahle in der Mitte des Zifferblattes und an die Enden der Zeiger jeweils ein Loch stechen und mit der Musterklammer beide Zeiger locker auf das Zifferblatt klemmen, so dass sie sich drehen lassen.
In die untere Seite der kleinen Schachtel zwei Löcher stechen.
Durch die Löcher ein Stück Schnur ziehen, und zwar so, dass die beiden Schnurenden heraushängen.
An diese die beiden Zapfen hängen.
An die Schachtel eine Aufhängeschlaufe knüpfen oder kleben und zum Schluss das Zifferblatt aufkleben.
Jetzt können die Kinder mit den beiden Zeigern eine Uhrzeit einstellen und an einem Zapfen ziehen und so tun, als würden sie die Uhr aufziehen.

Armbanduhr (Basteln)

Diese Uhr basteln die Kinder selber. Wie Ziffern und Zeiger aussehen, schauen sie sich bei einer echten Uhr genau an und malen es ab. So trägt das Basteln zum genauen Schauen und Lernen bei.

Alter: ab 4 Jahren
Material: dünnes Moosgummi, Schere, Lochzange oder Locher, Filzstift, Plastikschnur, Klebstoff

Die Kinder schneiden vom Moosgummi einen etwa 2 cm breiten Streifen ab, gerade so lang, dass dieser knapp um das Handgelenk passt.
In beide Enden Löcher einstanzen.
Durch die Löcher die Plastikschnur durchziehen (sie sollte so lang sein, dass das Armband mit einer Schleife um das Handgelenk festgebunden werden kann).
Nun kommt das Zifferblatt an die Reihe. Es kann rund oder eckig sein, oval oder krumm und schief, gerade wie es dem Kind gefällt.
Die Form wird auf das Moosgummi mit dem Filzstift aufgemalt, dann ausgeschnitten und die Ziffern und Zeiger aufgemalt.
Das Zifferblatt auf das Armband kleben und fertig ist die Armbanduhr. Beim Umbinden helfen sich die Kinder gegenseitig.

Die Minuten

Mit den Kindern die Minuten einer Uhr zu besprechen, ist ein anspruchsvolles Unterfangen: Die Kinder müssen die Zahlen von 1 bis 60 lernen, die Markierungen des Minutenzeigers auf der Uhr von denen des Stundenzeigers getrennt beachten. Denn zeigt der Stundenzeiger auf die 1, ist es 1 Uhr, zeigt der Minutenzeiger auf die 1, sind 5 Minuten angezeigt.
Einfach hingegen ist das Zeiterlebnis dieser Minute. Die Kinder können die Dauer einer Minute bewusst und aufmerksam erleben und den Minutenzeiger so lange beobachten, bis er auf dem Zifferblatt um eine Stelle weiterrückt.

60 Minuten sind eine Stunde (Spiel)

Die Kinder lernen die Zahlenreihe von 1 bis 60, indem sie sie hören, sehen und nachsprechen. Je öfter diese Zahlenreihe laut gesprochen wird, desto besser.

Alter: ab 5 Jahren
Material: 1 Uhr mit traditionellem Zifferblatt, auf dem die Minutenabschnitte mit Strichen oder Punkten markiert sind

Die Uhr gut sichtbar aufstellen oder aufhängen.
Die Kinder beschreiben das Zifferblatt und erzählen, was sie darüber wissen.
Dann werden Fragen gestellt, die zum genauen Schauen und Beobachten beitragen:

- Welches ist der Stundenzeiger?
- Welches der Minutenzeiger?
- Was ist der Unterschied zwischen den beiden Zeigern?
- Eine Stunde hat 60 Minuten! Sind wirklich 60 Striche oder Punkte auf der Uhr zu sehen?

Zum Schluss werden die Minutenmarkierungen abgezählt. Die Kinder sprechen laut mit.

Minuten-Uhren

Es gibt Uhren, die zeigen nur die Minuten an, z. B. Küchenwecker. Beim Kochen geht es schließlich um Minuten. Ein Schokoladenpudding wird 1 Minute gerührt, ein Frühstücksei wird 5 Minuten gekocht, Spaghettis brauchen 8 Minuten. Es gibt noch viele Beispiele, bei denen es auf die Minute ankommt.

Eine Minute Zeit (Spiel)

Die überschaubare Zeiteinheit von einer Minute erleben die Kinder und raten, wie lange sie dauert.

Alter: ab 5 Jahren
Material: 1 Küchenwecker oder 1 Stoppuhr

Die Kinder stehen im Kreis und bleiben eine Minute stehen.
Wer meint, die Minute sei um, setzt sich auf den Boden.
Mit „Achtung-Fertig-Los!" beginnt das Spiel.
Der Erwachsene stoppt die Zeit und ruft „Halt" oder lässt den Küchenwecker klingeln, wenn 1 Minute vorüber ist. Wer sich gerade in diesem Moment hinsetzt oder gerade hingesetzt hat, konnte die Minute richtig einschätzen.
Wollen die Kinder es gleich noch einmal probieren? Eine Minute geht schließlich schnell vorüber.

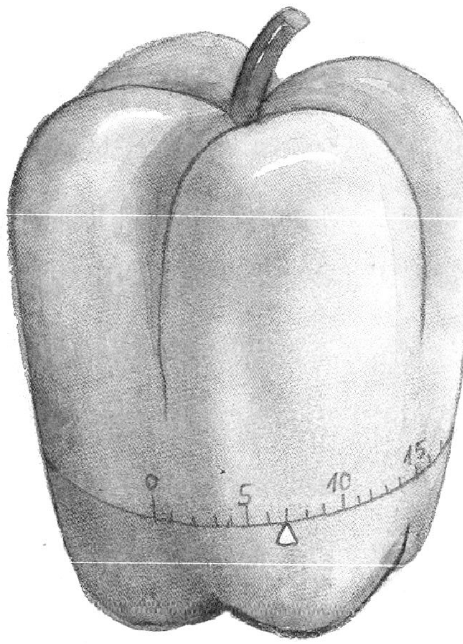

Nur eine Minute (Spiel)

Die kurze Zeiteinheit von einer Minute wird bewusst erlebt und mit Aktivitäten ausgefüllt.

Alter: ab 5 Jahren
Material: Küchenwecker oder Stoppuhr, Spielsachen aller Art

Was können wir in einer Minute machen? Die Kinder denken sich Tätigkeiten aus und stoppen die Zeit von einer Minute. Ob ihre Schätzung richtig war? In einer Minute können sie z. B.

- ein Buch holen und aufschlagen
- sich die Hände waschen
- eine Schleife binden
- ein kleines Haus malen
- einen Bauklotz-Turm bauen

Jede Idee wird ausprobiert. Wenn die Minute um ist, entscheiden die Kinder, ob sie ihre Aktivität abbrechen oder zu Ende führen und dann die Zeitverlängerung stoppen.

Ein paar Minuten (Spiel)

Wie oft hören die Kinder von den Erwachsenen: „Das dauert nur ein paar Minuten!" Bei diesem Spiel erleben und lernen die Kinder, wie lange diese Zeit von „ein paar Minuten" ist.

Alter: ab 5 Jahren
Material: Stoppuhr, Spielsachen aller Art

Sicher kennen die Kinder die Aussage: „Das dauert nur ein paar Minuten!" Bevor das Spiel beginnt, tauschen sie ihre Erfahrungen dazu aus und erzählen von Begebenheiten, in denen sie diese „paar Minuten" warten oder sonst etwas machen oder aushalten mussten.
Die Kinder überlegen sich Aktivitäten, von denen sie annehmen, dass sie nur ein paar Minuten dauern, z. B.

- im Garten eine Strecke rennen
- das Klettergerüst hinaufkrabbeln und die Rutsche hinunterrutschen
- ein Bild malen
- ein Bilderbuch durchblättern
- der Puppe ein Kleid anziehen
- eine Perlenkette aufziehen
- mit Knete einen kleinen Vogel formen
- ein großes Herz malen und mit roter Farbe anmalen

Die Kinder stimmen ab, wie viele Minuten Zeit sie sich dafür geben wollen, zwei oder drei oder fünf Minuten.
Zwei oder drei Kinder beobachten die Uhr und kündigen mit lautem Rufen an, wann die abgesprochene Zeit vorüber ist.
Danach unterhalten sich die Kinder, wie ihnen diese „paar Minuten" vorgekommen sind und ob diese Zeit ausreichend lang oder viel zu kurz war für die Aktivität, die sie sich vorgenommen hatten.

Die Sekunden

Eine Sekunde ist eine sehr kurze Zeit. Kaum sagt jemand ein Wort oder klatscht in die Hände, schon ist die Sekunde vorbei. Der Sekundenzeiger einer Uhr ist dünner und länger als der Minutenzeiger und hat manchmal eine auffallende Farbe.
Es gibt Uhren, die nur die Sekunden anzeigen, z.B. Stoppuhren, die bei sportlichen Wettkämpfen eingesetzt werden, wo es auf jede Sekunde ankommt.
Den Erwachsenen ist klar: Eine Minute hat 60 Sekunden. Sollen das auch die Kinder lernen? Wenn ja, sind die nachfolgenden Spiele dafür geeignet.

Sekundenzeiger beobachten (Spiel)

Die Kinder lernen bei diesem Spiel die Dauer, genauer gesagt die Kürze einer Sekunde kennen. Eine Sekunde ist schnell vorbei und an so ein „Sekundentempo" müssen sich die Kinder erst gewöhnen. Zu dieser Erfahrung trägt das Spiel bei.

Alter: ab 4 Jahren
Material: 1 große Uhr mit Sekundenzeiger, der sich ruckartig vorwärts bewegt

Klatschen
Die Kinder schauen auf den Sekundenzeiger und versuchen, diese ruckartige Fortbewegung mit Klatschen zu begleiten.

Beobachten
Die nächste Aufgabe ist diese: Den Sekundenzeiger eine Umdrehung lang beobachten! Das Spiel beginnt, wenn der Sekundenzeiger oben bei der Ziffer 12 ist.
Alle Kinder sind still und schauen dem Sekundenzeiger nach und dürfen erst wieder reden, wenn diese 60 Sekunden um sind.

Minutenzeiger
Diesmal werden die Kinder aufgefordert, auch auf den Minutenzeiger zu achten, denn der wird sich am Schluss mitbewegen. Warum wohl? Diese Frage können die Kinder selber beantworten. Wer es weiß, erklärt es den anderen.

Sekundenrhythmus (Spiel)

Die Kinder zählen selber die Sekunden. Eine interessante Erfahrung und ein eindrucksvoller Beitrag zum Zeitverständnis. Dabei wird den Kindern noch einmal bewusst, dass die 60 kleinen Striche auf dem Zifferblatt der Uhr nicht nur für den Minutenzeiger, sondern auch für den Sekundenzeiger gelten.

Alter: ab 6 Jahren
Material: 1 große Uhr mit Sekundenzeiger

Die Uhr so aufstellen oder aufhängen, dass alle Kinder sie sehen können.
Die Kinder üben zuerst, die Zahlenreihe von 1 bis 20 im Rhythmus der Vorwärtsbewegung des Sekundenzeigers zu sprechen. Gelingt es, warten die Kinder ab, bis der Sekundenzeiger wieder auf dem Zifferblatt bei 12 angekommen ist, das ist das Startzeichen für dieses Spiel:
Die Kinder zählen im Sekundenrhythmus von 1 bis 20, dann schließen sie die Augen und zählen im vermeintlichen Tempo des Sekundenzeigers weiter bis 60. Bei 60 öffnen sie ihre Augen und schauen nach, wo der Sekundenzeiger gelandet ist. Ist er wieder auf der Ziffer 12 angekommen?

Tipp
Wahrscheinlich ist er längst an der 12 vorbei, denn erfahrungsgemäß werden wir beim Zählen immer langsamer. Aber das werden die Kinder selber herausbekommen.

Nur eine Sekunde (Spiel)

Die Schnelligkeit einer Sekunde wird mit Spielen erlebt.

Alter: ab 5 Jahren
Material: 1 Uhr mit Sekundenzeiger, Spielsachen aller Art

Was können die Kinder in einer Sekunde machen? Sie überlegen und probieren es gleich aus, z. B.:
- in die Höhe springen
- auf dem Xylophon einen Ton spielen
- den Ball einmal prellen
- einen Namen rufen
- einen Kreis malen

Jetzt wird die Zeit gemessen. Ein Kind ist Spielleiter, beobachtet den Sekundenzeiger, sagt „Los", wenn dieser auf dem Zifferblatt auf die nächste Markierung weiterrückt, und wird gleich danach „Stopp" sagen, weil dann die Sekunde bereits um ist und der Sekundenzeiger schon wieder zur nächsten Markierung weitergerückt ist.
Da heißt es aufgepasst und schnell reagieren – für den Spielleiter und für den Spieler. Denn eine Sekunde ist blitzschnell vorbei.

Sekunden messen (Spiel)

Es geht bei diesem Spiel nicht um Schnelligkeit wie bei einem Wettrennen, sondern um das Zeiterlebnis im Sekundenbereich.

Alter: ab 6 Jahren
Material: 1 Stoppuhr, Spielsachen aller Art

Bevor das Spiel beginnt, berichten die Kinder von ihren bisherigen Sekunden-Spielen (▶ S. 80), um sich das schnelle Tempo einer Sekunde noch einmal bewusst zu machen. Dann überlegen sich die Kinder, welche Handlungen sie ausführen könnten, die nur wenige Sekunden dauern, z. B.

- ein Glas Wasser holen
- um den Tisch herumgehen
- einen Reim aufsagen

Jeder denkt sich etwas anderes aus, und alle überlegen, wie viele Sekunden diese Aktivität dauern könnte. Dann wird mit einer Stoppuhr die Zeit gestoppt und mit der Zeiteinschätzung verglichen.

Das Uhren-Einmaleins

Diese Informationen sind erst für Schulkindern geeignet:
Wenn sich der Stundenzeiger auf dem Zifferblatt von einer Zahl zur anderen bewegt, ist eine Stunde vergangen. Wenn er sich einmal im Kreise dreht, sind 12 Stunden vergangen. Hat er sich zweimal im Kreise gedreht, sind 24 Stunden um. Ein Tag ist vorbei.
Wenn sich der Minutenzeiger auf dem Zifferblatt von einem Strich auf den nächsten bewegt, ist eine Minute vergangen. Wenn er sich von einer Zahl des Zifferblattes zur nächsten bewegt, sind 5 Minuten vergangen. Wenn er sich einmal im Kreise dreht, sind 60 Minuten vergangen, das ist 1 Stunde. An einem Tag dreht er sich 24mal im Kreis.
Wenn sich der Sekundenzeiger auf dem Zifferblatt von einem Strich auf den nächsten bewegt, ist eine Sekunde vergangen. Wenn er sich von einer Zahl des Zifferblattes zur nächsten bewegt, sind 5 Sekunden vergangen. Wenn er sich einmal im Kreise dreht, sind 60 Sekunden vergangen, das ist 1 Minute. An einem Tag dreht sich der Sekundenzeiger 1440-mal.

Mach langsam - mach schnell

> *Paulina sagt:*
> *„Die Zeit ist in der Uhr,*
> *da muss alles schnell gehen!"*

Wie oft hören die Kinder Appelle wie diese: „Mach schneller!", „Sei ein bisschen schneller!", „Nicht so langsam!" oder „Langsam, langsam, lass dir Zeit!"
Diese Aufforderungen zum Schneller-Sein oder Langsam-Werden beziehen sich auf die Schnelligkeit der Bewegung und auch auf die Zeit. Mit der Aufforderung „Mach schneller!" soll also in kürzerer Zeit etwas getan werden. Und mit „Mach langsamer!" ist gemeint, die Bewegung zu drosseln.
Für Kinder kaum verständlich, denn sie haben nicht das Gefühl, dass etwas schneller oder langsamer getan werden kann. Die inneren Uhren der Kinder laufen anders. Bei ihnen geht es um die Sache selbst, um das bewusste Tun, das sinnliche Erleben, die ganzheitliche Wahrnehmung.
Etwas schneller machen heißt, sich schneller bewegen. Dabei bewegt sich jedes Kinder normalerweise so schnell, wie es für seine Handlung Zeit braucht. Werden Kinder aufgefordert, etwas schneller zu tun, könnte das für die Kinder auch heißen: nicht mehr so gut auf das, was es tut, aufpassen, oder die Sache nicht mehr so gründlich und genau tun. Und etwas langsamer machen, könnte für Kinder auch gleich bedeutend sein mit Pausen einlegen oder etwas ein Weilchen liegen lassen.

Die Kinder haben also ein eigenes Verständnis für schneller oder langsamer sein. In einem Gespräch kann den Kinder das Verständnis dafür vermittelt werden, was die Erwachsenen mit Schnell- oder Langsam-Sein meinen. In den nachfolgenden Spielen sammeln sie dazu ihre Erfahrungen.

Hetzen und Trödeln (Spiel)

Bei diesem Wetteifern lernen die Kinder den Unterschied zwischen schnell und langsam kennen. Sie erfahren, dass sie bei einer Sache einerseits sich beeilen und andererseits auch herumtrödeln können, und dass dieses Verhalten als Zeitwert messbar ist. Wichtig ist auch, dass die Kinder ihre eigene Meinung über das Schnell- und Langsam-Sein bilden und sich über die Vor- und Nachteile unterhalten.

Alter: ab 6 Jahren
Material: Stoppuhr

Gespräch

Die Kinder reden über die Begriffe „schnell" und „langsam" und klären ab, was sie darunter verstehen, was sie dazu erlebt haben und davon halten. Erst danach beginnt das Spiel.

Spiel

Eine kurze Wegstrecke wird mit Start und Ziel bestimmt.
Ein Kind geht diesen Weg entlang.
Mit der Stoppuhr wird die Zeit gemessen.
Beim nächsten Mal geht das Kind den Weg schneller, beeilt sich, rasch ans Ziel zu kommen. Auch diese Zeit wird gemessen. Beide Zeiten werden miteinander verglichen. Die Erkenntnis lautet: Weniger Sekunden für eine Sache brauchen heißt, schneller sein.

Dann geht das Kind den gleichen Weg langsamer und schlendert gemütlich zum Ziel. Wieder wird die Zeit gemessen und mit den beiden anderen Zeiten verglichen. Wie viele Sekunden hat das Kind länger gebraucht? Mehr Sekunden zu brauchen bedeutet, langsamer sein.
Jedes Kind kommt an die Reihe und kann seine normale, schnelle und langsame Geh-Geschwindigkeit in Sekunden gemessen. Wer war am schnellsten? Wer konnte am besten langsam sein?

Reflexion

Zum Schluss tauschen die Kinder ihre Meinungen und Erfahrungen aus:

- Wie ist das, wenn wir uns beeilen, und zu was ist das nützlich?
- Wie ist das, wenn wir langsamer gehen, und was ist dabei anders?

Der Unterschied ist z. B.: Beim schnellen Gehen müssen wir gut auf den Weg achten, um nicht zu stolpern, beim Schlendern können wir umherschauen, mehr sehen und auch Kleinigkeiten beachten.

Paulina sagt:
„Wenn Mami sagt ‚Es ist höchste Zeit', dann müssen wir ganz schnell sein."

Wörter sammeln (Spiel)

Ein kurzes Spiel, bei dem die Kinder lernen, dass wir durch die Wortwahl genau benennen können, ob wir etwas langsam oder schnell machen.

Alter: ab 6 Jahren
Material: 1 großer Papierbogen, 1 dicker Filzstift

Bevor das Spiel beginnt, sagen die Kinder, was sie unter schnell und langsam verstehen, damit es beim Spielverlauf keine Missverständnisse gibt.
Dann werden die Kinder aufgefordert, einmal sehr langsam zu gehen. Nebenher nennen sie alle Wörter, die sie für diese Fortbewegung wissen, wie trödeln, bummeln, schlendern, spazieren gehen. Alle gesammelten Wörter werden auf den Papierbogen geschrieben.
Dann gehen die Kinder so schnell sie können, dabei rufen sie alle Wörter, die zu dieser schnellen Gangart passen, z. B. eilen, rennen, sputen, hetzen, flitzen, hasten. Auch diese Wörter werden notiert.
Wenn sie aus der Puste sind, nehmen sie Platz.
Zum Schluss werden noch einmal alle Wörter aufgeführt. Wem fällt noch ein passendes Wort für die beiden Wortreihen ein? Der schreibt es dazu oder lässt es dazuschreiben.

Digitaluhr

Digitaluhren sind die bisher letzte Erfindung der neuzeitlichen Uhren. Hier gibt es weder Zifferblatt noch Zeiger. In einem kleinen Fenster wird die Uhrzeit als Zahlenkombination abgelesen. Erfahrungsgemäß reicht diese Information für ein Zeitverständnis nicht aus und viele Menschen übertragen in Gedanken diese Zeit, die sie ablesen, auf ein Zifferblatt, um ein Zeitgefühl zu bekommen. Ist es die Gewohnheit oder eine bessere Übersicht auf Stunden und Minuten oder eine klarere Darstellung der Zeit? Darüber gibt es keine eindeutige Antwort.
Wenn sich die Kinder für eine Digitaluhr interessieren, dann ist zum Lernen dieser digitalen Uhranzeige das nachfolgende Bastelmodell geeignet.

Digitaluhr-Modell

(Basteln + Spielen)

Bei diesem Uhrenmodell lernen die Kinder die Uhrzeit auf einer Digitaluhr abzulesen. Gleichzeitig wird auch die Zahlenreihe bis 60 geübt.

Alter: ab 6 Jahren
Material: großer Bastelkarton, Schere, Schreibzeug, Lineal

Basteln

Vom Karton ein 4 x 20 cm großes Stück abschneiden und drei Fensterchen in der Größe von jeweils ca. 2 x 2 cm einschneiden.
Vom Karton drei Streifen abschneiden, und zwar einen Streifen in der Größe 2 x 50 cm und zwei Streifen in der Größe 2 x 120 cm. Ist der Karton nicht so lang, werden für die längeren Streifen einfach zwei kürzere Teile aneinandergeklebt.
Auf diese Streifen mit großen Ziffern Zahlenreihen untereinander schreiben: Auf den kürzeren Streifen die Zahlenreihe 1 bis 24 (das sind die Stunden), und auf die beiden längeren Streifen jeweils die Zahlenreihe 1 bis 60 (das sind die Minuten und Sekunden).
Zum Schluss legen die Kinder die Zahlenstreifen so unter den Karton mit den Fensterchen, dass in jedem Fenster eine Zahl zu sehen ist. Der Streifen mit den Stundenangaben liegt links außen.
Nun können die Kinder eine Uhrzeit auf ihrem Digitaluhr-Modell einstellen und ablesen. Das wird am besten mit einem Ratespiel gelernt.

Spiel

Ein Kind legt eine Uhrzeit, das andere liest sie laut ab, z. B. folgende Zahlenangaben: 10 – 15 – 5. Die Uhrzeit ist also: 10 Uhr, 15 Minuten und 5 Sekunden.

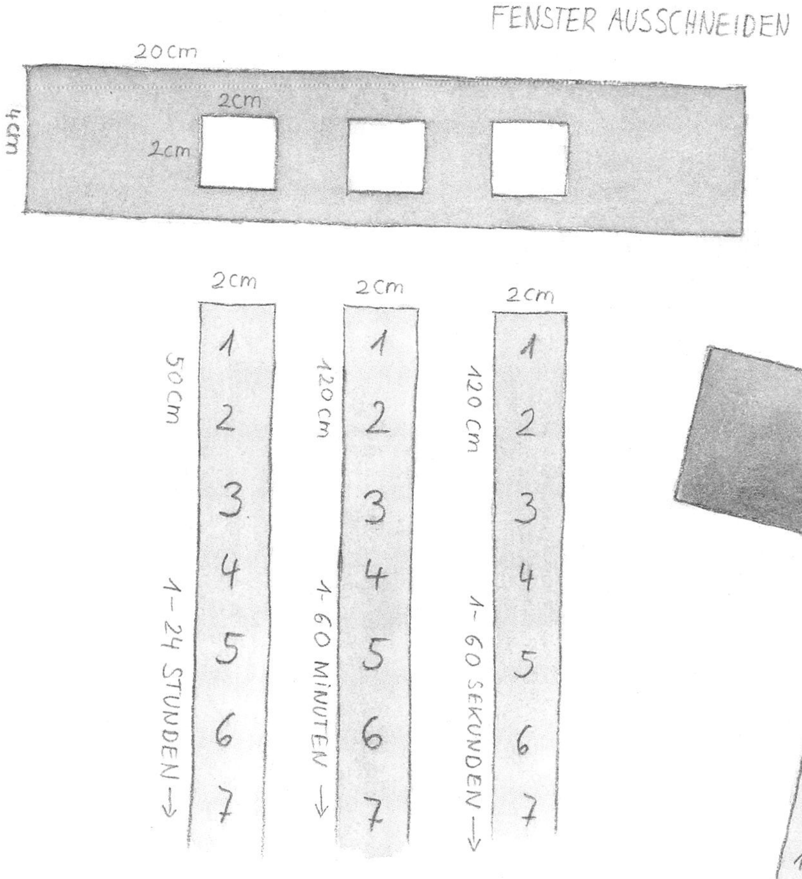

Das Super-Uhren-Lernspiel für Kinder

Die Uhrzeit lesen lernen (Basteln + Spielen)

Wie viel Uhr ist es? Eine oft gestellte Frage. Für Kinder eine richtige Herausforderung! Denn sie müssen beim Blick auf die Uhr die zwei oder drei Zeiger voneinander unterscheiden und die vielen Ziffern und Markierungen erkennen und benennen. Das lernen und üben die Kinder mit der nachfolgenden Spielserie mit drei gleich großen Uhren.

Alter: ab 6 Jahren
Material: durchsichtige, starke Folie, Zirkel, Lineal, Schere, Folien-Filzstifte, Musterklammern

Basteln
Aus der Folie drei gleich große, runde Zifferblätter (Ø 50 cm) ausschneiden.
Aus der Folie auch die drei unterschiedlich großen Stunden-, Minuten- und Sekundenzeiger ausschneiden. Das eine Ende jedes Zeigers ist spitz zugeschnitten, in das andere Ende wird ein Loch gebohrt, so groß, dass jeweils ein Zeiger mit der Musterklammer an einer der Uhrenscheiben befestigt und gedreht werden kann.
Die Zeitmarkierungen auf den Zifferblättern werden mit dem Filzstift aufgezeichnet und sollten genau platziert sein, weil später die Uhren übereinandergelegt werden.
Die drei Uhren unterscheiden sich wie folgt:

1. Uhr: Die Stundenuhr
Auf dieser Uhr sind die 12 Stunden markiert. Neben diesen Ziffern sind, etwas kleiner, die Nachmittagsstunden von 13 bis 24 notiert. Der Stundenzeiger ist klein und dick.

2. Uhr: Die Minutenuhr
Auf dieser Uhr werden die Markierungen für die 60 Minuten aufgemalt, das können Striche, Punkte oder sehr klein geschriebene Ziffern von 1 bis 60 sein. Der Minutenzeiger ist groß und schlank.

3. Uhr: Die Sekundenuhr
Diese Uhr hat auch 60 Striche oder Punkte als Markierung. Der Sekundenzeiger ist dünn und lang.

STUNDENUHR

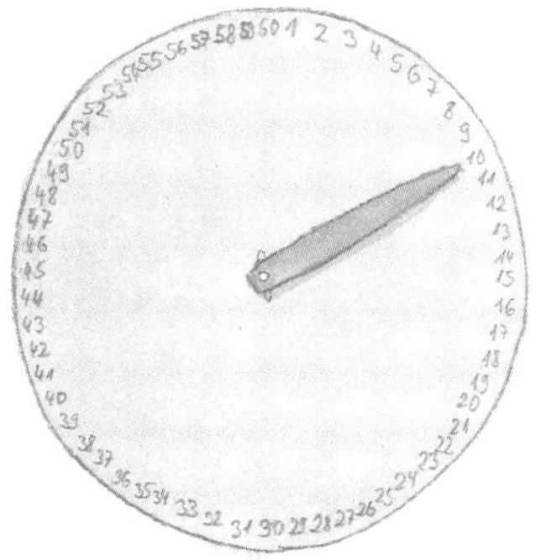

MINUTENUHR

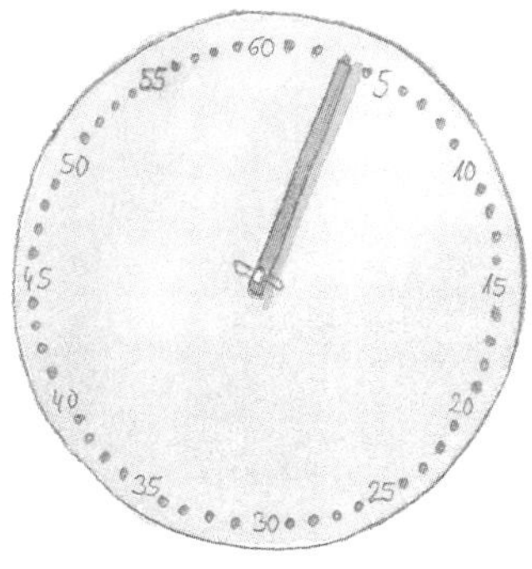

SEKUNDENUHR

Lernschritte

1. Lernschritt

Die Stundenuhr an einer Wand befestigen oder auf den Tisch legen. Eine Uhrzeit wird genannt und der Zeiger auf die richtige Stelle des Zifferblattes gedreht. Zuerst werden die Stunden schön der Reihe nach genannt, also: Ein Uhr, zwei Uhr, drei Uhr usw. Ein Kind dreht den Zeiger entsprechend weiter. Alle Kinder sprechen mit.
Diese Spielrunde wird mindestens einmal wiederholt. Schließlich sollen alle Kinder die Zahlenreihe bis 12 lernen.
Bei der nächsten Runde werden auch die kleinen Ziffern hinzugenommen, also die Ziffern von 1 bis 24 genannt.

1. Spielvariante
Wer will die Stundenuhr selber drehen und allein die Zeit sagen? Freiwillige vor! Die anderen Kinder passen auf, ob alles stimmt.

2. Spielvariante
Ein Kind denkt sich eine Zeitangabe in Stunden aus und zeigt auf ein anderes Kind, das den Stundenzeiger einstellen darf. Wurde die Aufgabe richtig gelöst, darf das Kind weitermachen, eine Stunde nennen und das nächste Kind bestimmen.

2. Lernschritt

Am nächsten Tag beginnt das Uhrenspiel mit der Minutenuhr. Diese wird neben die Stundenuhr aufgehängt. Die Aufgaben sind die gleichen, wie bei der Stundenuhr: Der Minutenzeiger wird einmal rundum gedreht und die Kinder sagen dabei die Minuten auf, das ist die Zahlenreihe von 1 bis 60.

1. Spielvariante
Die Minuten werden genannt, auf die der Minutenzeiger gestellt werden soll, z. B. „Stelle den Zeiger auf 5 Minuten!"
Die Kinder überlegen und beraten miteinander, um die richtige Stelle zu finden. Wenn ein Kind nicht bis 60 zählen kann, darf das kein Problem werden. Es lässt sich von den andern helfen.

2. Spielvariante
Und auch hier wird zum Schluss ein Ratespiel daraus gemacht: Ein Kind stellt den Minutenzeiger ein, ein Mitspieler nennt die Minuten-Zeit.

3. Spielvariante
Wie oft hören die Kinder Aussagen wie „In 5 Minuten gibt es Mittagessen!" oder „In 10 Minuten bin ich wieder da!" Was das heißt, lernen die Kinder mit dieser Spielvariante. Ein Kinder wird aufgefordert, den Minutenzeiger auf 5 Minuten zu stellen. Ein zweites Kind muss nun zeigen, wo der Zeiger steht, wenn es „5 Minuten später ist!"
Bei der nächsten Spielrunde sind es dann 8 oder 10 Minuten später, die eingestellt werden.

4. Spielvariante
Was ist eine Viertelstunde oder eine halbe Stunde? Das zeigen und üben die Kinder ebenfalls an der Minutenuhr, mit den o. g. Spielregeln.

3. Lernschritt

Am nächsten Tag kommt die Sekundenuhr an die Reihe. Auch sie wird zuerst neben die beiden anderen Uhren gehängt. Die Spiele mit der Sekundenuhr gehen so wie die Spiele mit der Minutenuhr. Für die Kinder ist es also eine Wiederholung zum Lernen der Zahlen und Zahlenreihen von 1 bis 60.

4. Lernschritt

Jetzt spielen die Kinder mit allen drei Uhren. Einer nennt eine Zeit und stellt bei jeder der drei Uhren die Zeiger entsprechend ein, also die Stunden auf der Stundenuhr, die Minuten auf der Minutenuhr

und die Sekunden auf der Sekundenuhr, z. B. 2 Uhr, 3 Minuten und 5 Sekunden.
So üben die Kindern das Einstellen der drei Uhren ein paar Mal.

1. Spielvariante
Ein Kind stellt eine Zeit ein und die anderen sagen, „wie viel Uhr" es ist.

5. Lernschritt

Es ist doch sehr umständlich, immer drei Uhren zu beachten, wenn man eine Uhrzeit ablesen möchte. Wenn die Kinder diese Bemerkung machen, ist das der Augenblick für den letzten Lernschritt des Super-Uhren-Lernspiels:

6. Lernschritt

Alle drei Zifferblätter werden übereinander geschoben, alle drei Zeiger aufeinander geklemmt. Aus den drei Uhren wird eine Uhr. Weil die Zifferblätter aus durchsichtiger Folie sind, sind die Stunden-, Minuten- und Sekundeneinteilungen immer noch gut zu sehen.
Jetzt werden weitere Uhrzeit-Ratespiele mit den drei Zeigern auf einem Zifferblatt gespielt.

Eine eigene Uhr selbst gemacht (Basteln)

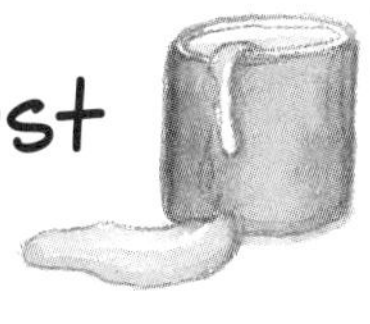

Die Kinder malen und gestalten ihre eigene Uhr. Sie kennen sich mit Zifferblatt und Zeiger aus, mit Stunden, Minuten und Sekunden und wissen, was alles zu einer Uhr gehört.

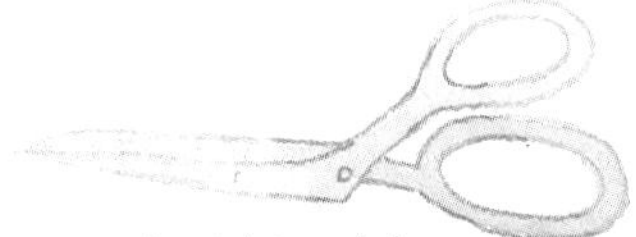

Alter: ab 5 Jahren
Material: Bastelsachen aller Art, alte Wanduhr oder ein Uhrmechanismus (zu kaufen in Bastelgeschäften), auf den der selbst gebastelte Zeiger und ein selbst gemaltes Zifferblatt befestigt werden

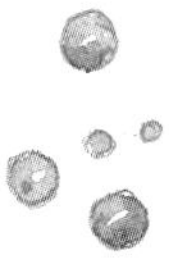

Die Kinder sagen, was alles zu einer Uhr gehört. Dann entwerfen sie Modelle für Zifferblatt und Zeiger und entscheiden durch Abstimmung, wie die Uhr aussehen soll, die sie miteinander bauen wollen. Je größer das Modell ausfällt, desto besser, denn dann kann es phantasievoll verziert, bemalt und beklebt werden.
Die Kinder verteilen untereinander die Aufgaben, wer was bastelt: Zifferblatt, Zeiger, Uhrgehäuse. Als Bastelmaterial kann alles benutzt werden, je einfallsreicher, desto schöner!
Klar, dass diese Uhr dann im Raum aufgehängt wird!

Die Lebenszeit

Die Lebenszeit ist eine besondere Zeit. Sie ist unterschiedlich und individuell für jedes Lebewesen auf der Welt. Diese Zeit wird nicht sekundengenau gemessen.
Eine Lebenszeit hat einen Anfang und ein Ende, beginnt mit der Geburt und endet mit dem Tod. Im Vergleich dazu läuft eine Jahreszeit oder Kalenderzeit anders, beginnt ständig wieder von vorne, so dass immer wieder das gleiche oder ähnliches zu sehen ist.

Leben heißt sich verändern

Die Lebenszeit des Menschen ist eine Zeit von Entwicklungen und Veränderungen. Es sind innere und äußere Veränderungen, von Tag zu Tag kaum erkennbar, nach Jahren besser zu erkennen. Und nach mehreren Jahren hat sich ein Mensch deutlich verändert: So werden aus Babys Kinder, aus Kindern werden Erwachsene und aus Erwachsenen werden alte Menschen.
Leben heißt für den Menschen, dass er zuerst einmal größer wird, viel lernt und sich viel Wissen aneignet, berufliche Fertigkeiten erwirbt und sich dann als Erwachsener mit seiner Familie und seinem Beruf zurechtfindet. Auch wenn diese Entwicklung alle Menschen durchmachen, so verläuft das Leben bei jedem einzelnen Menschen sehr unterschiedlich, je nach Gesundheit, Lebensstil und Schicksal. Die größte Kunst dabei ist, sich immer wieder auf die Veränderungen in seinem Leben einzustellen und sich auch am Ende des Lebens mit dem Altsein zurechtzufinden.

Zeitabschnitte des Lebens

Die Lebensabschnitte eines Menschenlebens werden in Altersstufen eingeteilt. Es gibt fünf große Lebensphasen, sie heißen:
- Kindheit
- Jugendalter
- Erwachsenenalter
- Seniorenalter
- Greisenalter

Diese Lebensstufen können weiter unterteilt werden und haben Bezeichnungen wie
- Baby
- Krabbelkind
- Kleinkind
- Kindergartenkind
- Schulkind
- großes Kind
- Jugendlicher
- Teeny
- junger Erwachsener
- Erwachsener
- Senior
- alter Mensch
- Greis

Jung und alt

Paulina sagt:
„Wenn Menschen alt sind wie meine Oma, dann sagen sie ‚Mir bleibt nicht mehr viel Zeit'."

Der Pädagoge Jean Piaget untersuchte, inwieweit Kinder einen Altersunterschied bei Erwachsenen feststellen können. Er fand heraus, dass Kinder anfangs keinen Unterschied zwischen ihren Eltern und Großeltern erkennen, diese sind eben „alt". Alt-Sein bedeutet für kleine Kinder einfach Größer-Sein. Bei dem nachfolgenden Spiel werden den Kindern weitere Unterschiede bewusst.

Jung oder alt? (Gespräch)

Die Kinder unterhalten sich über das Alter, tauschen ihre Beobachtungen aus und werden auf besondere Merkmale des Alt-Seins aufmerksam.

Alter: ab 4 Jahren

Die Kinder setzen sich in einen Kreis. Der Erwachsene moderiert das Gespräch der Kinder, stellt Fragen, animieren zum Nachdenken und zum Gedankenaustausch. Solche Fragen sind z. B.:

- Sind ein Kind und ein Erwachsener gleich groß?
- Wie sehen die Haare aus?
- Gibt es auch bei der Kleidung Unterschiede?
- Wie geht ein junger, wie ein alter Mensch?
- Warum geht ein alter Mensch so anders?

Spiel
Anstatt die Beobachtung mit Worten zu beschreiben, können die Kinder auch das Verhalten vorspielen und z. B. die Gangart nachahmen.

Altersangaben

Wer nach dem Alter einer Person fragt, fragt nicht: „Wie lange lebst du schon?" oder „Wie viel Zeit hast du in deinem Leben verbracht?". Wir formulieren die Frage so: „Wie alt bist du?"
Es ist interessant, einmal zu beachten, wie unterschiedlich stolz die Menschen auf ihr Alter sind:
Bei den Neugeborenen zählen die Eltern die Lebenstage und sagen stolz: „Susanne ist schon 8 Tage alt!" Später nennen sie die Monate und nach ein oder zwei Jahren werden die Jahre als Altersangabe genannt.
Wenn die Kinder selber ihr Alter nennen, zählen sie an den Fingern ihr Lebensalter auf und sind stolz auf jedes neue Jahr, das sie hinzuzählen können.
Den Jugendlichen geht es nicht anders. Sie fühlen sich großartig, wenn sie älter eingeschätzt werden, als sie in Wirklichkeit sind.
Ganz anders benehmen sich die Erwachsenen. Sie wollen lieber jünger sein und jünger aussehen, als sie in Wirklichkeit sind.
Bei den älteren Menschen gelten wiederum andere Regeln. Es schickt sich nicht, einen älteren Erwachsenen nach seinem Alter zu fragen oder einen alten Menschen einen Greis zu nennen. Über das Alter zu reden, scheint ein Tabu-Thema zu sein. Die sehr alten Menschen jedoch sind wieder stolz auf ihr „hohes Alter", das sie gerne nennen, und das den anderen Respekt einflößt.

Wie alt bist du? (Spiel)

Die Kinder sehen, wer von ihnen gleich alt, älter oder jünger ist und können beobachten und feststellen, dass das Alter nicht immer an der Körpergröße zu erkennen ist.

Alter: ab 3 Jahren
Material: Schminkfarbe

Dieses Spiel ist für eine altersgemischte Kindergartengruppe geeignet. Der Erwachsene fragt jedes Kind nach seinem Alter und malt ihm pro Lebensjahr mit Schminkfarbe einen dicken Punkt auf die Hand. Jetzt können die Kinder untereinander ihr Lebensalter, also ihre Punkte, vergleichen und Gleichaltrige, Jüngere oder Ältere in der Gruppe finden.

Altersunterschiede

Die Zeit hinterlässt ihre Spuren, heißt es. Dabei sind nicht nur die Spuren im Gesicht, die Falten, gemeint, sondern das gesamte Aussehen des Menschen. Diese Spuren bemerkt man nicht in einem Zeitraum von einem Tag oder einer Woche. Sind jedoch ein paar Jahre vergangen, kann man das erkennen. Wäre dem nicht so, hätten die Erwachsenen noch die Babygesichter von damals. Das leuchtet sogar den kleinen Kindern ein.
Noch besser verstehen die Kinder die Altersunterschiede, wenn sie Fotos von Menschen in den unterschiedlichsten Altersstufen betrachten. Dazu das nachfolgende Spiel.

Alters-Stufen (Spiel)

Die Kinder reden über das Alter, betrachten Fotos von Menschen unterschiedlichen Alters und überlegen, beraten und entscheiden, in welche Altersstufe sie Personen einordnen.

Alter: ab 4 Jahren
Material: Zeitschriften, Prospekte, 3 große Papierbögen, Scheren, Klebstoff

Es entstehen drei Poster. Die Kinder schauen in den Zeitschriften nach Abbildungen von Menschen, schneiden sie aus und kleben sie jeweils auf eines der Poster, je nachdem ob es die Abbildung eines Kindes, Erwachsenen oder alten Menschen ist.

Die Kinder entscheiden selbst, auf welches Plakat sie welches Bild kleben. Es kommt ganz darauf an, wie jung oder alt oder uralt sie die Menschen auf den Fotos einschätzen.

Zeit-Dokumente

(Basteln + Spielen)

Die Kinder betrachten ihre eigenen Fotos und erkennen, dass auch sie sich im Laufe ihres Lebens verändert haben.

Alter: ab 4 Jahren
Material: Kinderfotos, Kartonpapier, Klebstoff
Vorbereitung: In einem Schreiben werden die Eltern gebeten, von den Kindern drei Fotos auszusuchen und den Kindern mitzugeben: Ein Foto, auf dem die Kinder jünger als ein Jahr sind, ein zweites, auf dem sie etwa zwei Jahre alt sind und ein Foto, das erst vor kurzer Zeit aufgenommen wurde.
Weil mit diesen Fotos gespielt wird, ist es sinnvoll, Kopien von jedem Foto zu ziehen und mit diesen Kopien weiterzuarbeiten.

Basteln
Die Bilder auf Kartonpapier in Postkartengröße kleben. Dann geht es los mit verschiedenen Spielen.

Spiel: Das bin ich
Jedes Kind zeigt den anderen Kindern seine drei Fotos. Vielleicht weiß es noch, wann und wo diese Fotos aufgenommen wurden? Auf jeden Fall sollten die Kinder erzählen, wie alt sie waren, als die Fotos aufgenommen wurden.

Spiel: Wer ist wer?
Alle Spielkarten mit den Babyfotos werden auf den Tisch gelegt. Wer erkennt ein Baby? Der nimmt die Karte und sagt den Namen des Kindes. Stimmt es? Dann behält der Spieler die Karte. Stimmt es nicht, legt er das Bild wieder zurück. Klar, dass die Kinder nicht ihr eigenes Babyfoto nehmen dürfen, das wäre ja „babyleicht"!

Spiel: Lebenslauf
Alle Foto-Spielkarten liegen bunt gemischt auf dem Tisch. Wer kann die drei Fotos, die zusammengehören, herausfinden? Wieder darf keiner die eigenen Fotos herausfischen.

Basteln: „Kinder, wie die Zeit vergeht!"
Diesen Satz als Überschrift auf ein Poster schreiben. Auf dieses Poster kleben die Kinder ihre drei Fotos, schön in einer Reihe und in der richtigen Zeitenfolge. Es ist klar, dass das Poster einige Zeit aufgehängt wird.

Ein langes Leben (Spiel)

Mit diesem Spiel wird den Kindern veranschaulicht, was es heißt, 20, 50 oder 80 Jahre alt zu sein. Dabei baut das Spiel auf einer beliebten Tradition auf: Es werden so viele Geburtstagskerzen aufgestellt, wie das „Geburtstagskind" alt ist.

Alter: ab 4 Jahren
Material: Zeitschriften, Schere, Karton, Klebstoff, 80 Teelichter, Feuerzeug

Die Kinder suchen in Zeitschriften oder Prospekten nach Fotos von neun Personen in unterschiedlichem Alter: 1, 10, 20, 30, 40, 50, 60, 70 und 80 Jahre alt. Die Kinder entscheiden, welche Personen welches Alter haben könnten. Diese Bilder ausschneiden und so auf Kartonkarten kleben, dass die Karten gefaltet und aufgestellt werden können (s. Abb.).

Dann stellen die Kinder die 80 Kerzen in einer Reihe auf den Tisch. Es sind die Geburtstagskerzen für das Spiel.
Schön langsam und der Reihe nach zündet der Erwachsene die Kerzen an und nennt das Alter, also: „Ein Jahr, zwei Jahre...." usw. Hinter die 1. Kerze wird gleich die Fotokarte des einjährigen Kindes aufgestellt. Hinter die 10. Kerze kommt die Fotokarte des 10Jährigen, usw.

Tipp

Dieses Spiel dauert ein kleines Weilchen, ist aber für die Kinder sehr eindrucksvoll. So ahnen sie, was es heißt, ein langes Leben zu haben und alt zu werden und haben Zeit, die Bilder anzuschauen und nachzuspüren, wie Menschen sich im Laufe eines Lebens verändern.

Lebenslauf (Gespräch)

Wir reden vom Lebenslauf eines Menschen und meinen damit den Zeitverlauf eines Menschenlebens. Was da „läuft" ist nicht das Leben, sondern der Mensch. Die Kinder lernen anhand der Erzählung über einen Menschen, der lange gelebt hat, was ein Lebenslauf ist, hier ist es Astrid Lindgren.

Alter: ab 6 Jahren
Material: Bücher, Fotos von Astrid Lindgren
(s. Literaturliste S. 122)

Die Kinder erfahren anhand der Materialien, dass Astrid Lindgren ein reiches, bewegtes, langes Leben gelebt hat. Sie sehen Fotos von ihr, aus ihrer Kinderzeit, aus der Zeit als sie „Pippi Langstrumpf" schrieb, und von ihren letzten Lebensjahren. Auszugsweise wird den Kindern aus den Bücher der Autorin etwas vorgelesen.
Je mehr die Kinder von der Person zu sehen und hören bekommen, desto besser können sie sich vorstellen, was ein langer Lebenslauf ist.

Lebenszeiten in der Natur

Etwa so lange leben Tiere und so alt können sie werden:

Schildkröte	140 Jahre
Elefant	80 Jahre
Orang-Utan	60 Jahre
Pferd	45 Jahre
Hund	20 Jahre
Katze	20 Jahre
Regenwurm	15 Jahre
Maus	8 Jahre
Biene	1 Jahr
Stubenfliege	2 Monate
Eintagsfliege	1 Tag

Am ältesten werden die Bäume! Es gibt Bäume, die über 2000 Jahre alt sind. So ur-ur-alt wird sonst nichts und niemand auf der Welt.
Bei Bäumen können wir das Lebensalter am Stamm ablesen, allerdings nur am durchgesägten Baumstamm oder an Baumscheiben. Jedes Jahr erneuert sich die Rinde um den Baumstamm herum und bildet so einen „Jahresring“.
So alt werden Bäume:

Mammutbaum	bis 3000 Jahre
Eiche	bis 1500 Jahre
Zirbelkiefer	bis 1000 Jahre
Ahorn	bis 500 Jahre
Ulme	bis 400 Jahre
Weißtanne	bis 300 Jahre

Jahresringe (Spiel)

Die Kinder betrachten die Jahresringe, zählen ab, wie alt die Bäume geworden sind und sortieren die Baumscheiben nach dem Alter. Sie erhalten damit eine weitere anschauliche Erklärung, was Lebensjahre und Lebensalter bedeuten.

Alter: ab 5 Jahren
Material: verschieden dicke Ast- oder Baumscheiben mit sichtbaren Jahresringen, Malfarben, Papier

Die Ast- und Baumscheiben auf den Tisch legen. Die Kinder schauen die Holzscheiben genauer an und rätseln, was es mit den Ringen auf sich hat. Vielleicht weiß ein Kind des Rätsels Lösung: Es sind Jahresringe. Die Kinder zählen die Jahresringe ab und sortieren die Holzscheiben nach dem Alter.

Malen
Die Kinder malen eine Baumscheibe mit so vielen Jahresringen, wie sie selbst alt sind.

Das Zeitverständnis

Zeitgedächtnis und -verständnis

An was kann sich ein Mensch erinnern, wenn er sein Leben zurückverfolgt? Es sind Freude, Aufregungen, Ängste, Überraschungen, die im Gedächtnis gespeichert worden sind, auch spannende Situationen wie die Erfüllung eines großen Wunsches, beeindruckende Begegnungen mit Menschen und besondere Feste. Es sind die emotionsgeladenen Ereignisse, an die wir uns erinnern. So funktioniert unser Gedächtnis.
Erwachsene haben hier ein großes Erinnerungspaket im Kopf. Kein Wunder, in einem langen Leben gibt es auch viele erinnerungswürdige Ereignisse.
Bei Kindern bis zu einem Alter von etwa 4 Jahren läuft alles anders: An den Tag können sich die Kinder gut erinnern, aber die Erinnerung an die letzte Woche ist längst verblasst, vom letzten Jahr gibt es nur ganz wenige konkrete Erinnerungen, die das Kind wiedergeben könnte, und von den vergangenen zwei oder drei Jahren weiß ein Kind fast nichts mehr. Das liegt nicht nur an der Tatsache, dass den Kindern noch die sprachlichen Möglichkeiten fehlen, von seinen Erinnerungen zu erzählen. Das Gedächtnis der Kinder hat andere, wichtige Aufgaben zu bewältigen, da wird auf Hochtouren gearbeitet und unendlich viele Lernleistungen werden gespeichert, wie Wahrnehmungen, Motorik und Sprache.

Einen Tag oder ein paar Tage behalten die jüngeren Kinder allerdings im Gedächtnis. Diese Leistung kann als der Beginn des Zeitverständnisses angesehen werden. Denn alles ist vorhanden, was dazugehört: Einen Zeitraum überblicken können, sich an vergangene Zeiten erinnern, die Erlebnisse zeitlich einordnen, egal, ob es nun wie bei den Kindern ein paar Tage, oder wie bei Erwachsenen viele Jahre sind.

Besondere Erinnerungen (Gespräch)

Erinnerungen an besondere Erlebnisse summieren sich zu einer Dokumentation des Lebens. Wenn Kinder von ihren Erlebnissen erzählen, wird ihr Zeitgedächtnis trainiert.

Alter: ab 4 Jahren

Dieses Mal ist der Treffpunkt die Kuschelecke. Nur eine kleine Gruppe kommt zusammen. So wird es schön gemütlich und Vertrautheit untereinander entsteht. Das animiert zum Erzählen.
Gibt es Erlebnisse, an die sich die Kinder besonders gut und auch gerne erinnern? Wer will etwas erzählen? Wem nichts einfällt, der hört einfach den anderen zu, auch das gehört zum Spiel.
Der Erwachsene begleitet die Erzählungen mit Fragen nach dem Zeitpunkt und nach der Reihenfolge der Ereignisse.

Gestern - Heute - Morgen

Mit „heute" meinen wir den ganzen Tag. Zwischen heute und gestern liegt eine Nacht und zwischen heute und morgen ebenso. Das heißt für die Kinder, einmal zu Bett gehen, schlafen, dann wieder aufwachen, aufstehen und der morgige Tag ist da.
Eine kleine Sprachverwirrung: Wenn wir von Morgen reden, kann es der nächste Tag sein oder der frühe Morgen des Tages. Und wenn die Kinder früh am Morgen aufwachen, ist, von gestern aus betrachtet, morgen heute. Das aufzuklären, macht allenfalls den Schulkindern Spaß.

Was war gestern?
(Gespräch)

Bei den nachfolgenden drei Spielen lernen die Kinder die Begriffe gestern, heute und morgen kennen und gebrauchen.

Alter: ab 4 Jahren
Material: viele kleine Bälle (Kastanien oder Kieselsteinen), Korb, Notizblock, Schreibzeug

Damit nicht alle Kinder gleichzeitig mit ihren Geschichten und Berichten loslegen, wird der Gebrauch der Sprechbälle erklärt: In der Mitte liegt ein Korb mit kleinen Bällen (Kastanien oder Kieselsteinen). Wer etwas erzählen will, holt sich einen Ball. Wer etwas erzählt hat, legt seinen Ball zurück und bestimmt den nächsten Erzähler.

Gestern
Für dieses Spiel ist der Stuhlkreis am frühen Morgen bestens geeignet. Der Erwachsene fragt: „Wer erinnert sich an ein Erlebnis von gestern?" Die Kinder überlegen. Wer etwas mitteilen will, nimmt sich einen Ball und kann die Erzählrunde beginnen.

Heute
Für dieses Spiel ist eine Abschlussrunde am Tag geeignet. Die Kinder sitzen wieder im Kreis. Die Frage, die den Kindern gestellt wird, heißt: „Was war heute am schönsten?" Nach den oben beschriebenen Regeln erzählt einer nach dem andern.

Morgen
Dieses Spiel wird ebenfalls in einer Abschlussrunde gespielt. Denn es gilt, den nächsten Tag zu planen. Die Frage lautet diesmal: „Was sollen wir morgen spielen?" Die Aussagen der Kinder werden notiert.

Am nächsten Tag werden die Kinder nach ihren Spielvorschlägen von gestern gefragt und die Kinder stimmen ab, welche vorgeschlagenen Spiele sie heute wirklich spielen wollen.

Zeit-Stühle (Spiel)

Das ist ein Spiel für die älteren und sprachlich versierten Kinder. Sie werden in einer zeitlich richtigen Reihenfolge Ereignisse beschreiben. Dabei kommt es auf den richtigen Einsatz von Sprache und Grammatik an, damit die Inhalte klar und eindeutig sind.

Alter: ab 6 Jahren
Material: 3 Stühle

Drei Stühle nebeneinander in die Raummitte stellen.
Die Kinder setzen sich im Halbkreis davor.
Ein Kind setzt sich auf den ersten Stuhl und erzählt etwas von gestern. Dann wechselt es auf den mittleren Stuhl und erzählt etwas von heute. Dann rückt es wieder einen Stuhl weiter und erzählt, was ihm zu morgen einfällt.
Die Kinder reden z. B. über ihren Spiele, erzählen von Erlebnissen, nennen Lieder, Musikstücke oder Geschichten, die sie an den jeweiligen Tagen gehört haben oder hören wollen, zeigen Bilder, die sie an den entsprechenden Tagen gemalt haben oder weitermalen wollen, reden vom Mittagessen oder von der Mahlzeit, die sie sich morgen wünschen.

Warten auf übermorgen (Spiel)

Auf etwas Besonderes zu warten fällt den Kindern schwer, vor allem wenn es um ein großes Fest geht, auf das sie sich freuen. Wie lange das Warten auf übermorgen dauert, erleben sie bei diesem Spiel auf anschauliche Weise.

Alter: ab 4 Jahren
Material: Malfarben, Zeichenblätter oder Zettel, Stecknadeln, Pinnwand

Für dieses Spiel braucht es eine konkrete Aktion, ein Fest oder ein spannendes Ereignis, das wirklich in zwei Tagen stattfinden wird. Das kann der Laternenumzug sein, das Sommerfest, ein Kasperltheater oder der Nikolaustag.
Die Kinder erfahren, dass übermorgen dieses Fest oder Ereignis stattfinden wird. Übermorgen heißt: Noch zweimal schlafen gehen, bis der ereignisreiche Tag da ist. Daraus wird das Spiel:
Jedes Kind holt zwei Zeichenblätter und malt auf jedes Blatt jeweils ein extra Bild, das zeigt, wie es zu Hause in seinem Bett liegt und schläft. Jedes Kind pinnt mit Stecknadeln seine Zeichnungen an die Wand und sagt dabei: „Übermorgen ist der Laternenumzug (oder was immer an diesem Tag sein wird), ich muss noch zweimal schlafen gehen."
Am nächsten Tag nimmt jedes Kind eines von seinen beiden Bildern von der Pinnwand und sagt dazu: „Morgen ist der Laternenumzug, ich muss noch einmal schlafen gehen."
Am Tag darauf nimmt es seinen zweiten Zettel von der Wand und sagt dabei: „Heute ist der Laternenumzug!"
Die Kinder entscheiden selbst, wann sie im Verlauf des Tages ihre Bilder abnehmen. Doch zur Spielregel gehört, dass jedes Kind die Sätze richtig sagt. Es gibt schließlich nicht alle Tage so eine gute Gelegenheit, von übermorgen, morgen und heute zu reden.

Vergangenheit

Die Vergangenheit ist eine Zeit, die vorbei ist. Unter Vergangenheit verstehen wir im Allgemeinen nicht nur die Zeit von gestern oder vorgestern, sie reicht weiter zurück. Zur Vergangenheit gehören Geschichten und Ereignisse, die sich wirklich einmal zugetragen haben.

„Das ist Vergangenheit!" sagen wir auch und wollen damit zum Ausdruck bringen, dass das, wovon wir reden, einmal geschehen und heute vorbei ist.

Frühere Zeiten

Wir sprechen von der früheren Zeit, von damaligen oder von anderen Zeiten, und meinen damit einen Zeitraum, der einmal Gegenwart war und jetzt in die Vergangenheit gerückt ist. Solche Formulierungen sind den Kindern fremd. Sie haben in diesem Sinne noch keine eigene Vergangenheit erlebt. Wie also können sie lernen und verstehen, was damit gemeint ist?

Das Verständnis für das, was Vergangenheit ist, kann über eine Geschichte von einem alten Menschen vermittelt werden, den die Kinder kennen. Vielleicht eine alte Nachbarin, die von früheren Zeiten erzählt. Oder die Erzieherin oder Lehrerin erzählt von ihrer Großmutter oder Urgroßmutter, von den Spielen und Spielsachen von damals, vom Kindergarten früher, von der Mode, dem besonderen Benehmen. Je genauer die Beschreibungen ausfallen, desto besser. Dann haben die Kinder das Gefühl, dass es eine wahre Geschichte von früher ist, ein Tatsachenbericht von einer vergangenen Zeit, die es wirklich einmal gab.

Wer möchte, kann die nachfolgende Erzählung als Anregung nehmen oder sie den Kindern so weitererzählen oder vorlesen, als wäre es seine Urgroßmutter, die ihm diese Geschichte erzählt oder geschrieben hat. Es ist die wahre Geschichte von Urgroßmutter Ruth. Sie berichtet von der Zeit, als sie noch ein kleines Mädchen war:

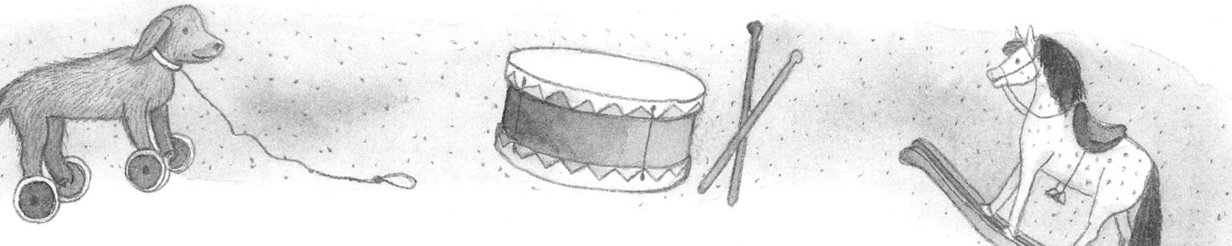

Urgroßmutter Ruth erzählt von damals

(von Ruth Walter)

„Ruthle sagten die Leuten früher zu mir, als ich noch ein kleines Mädchen war. Eigentlich heiße ich Ruth. Es ist lustig, aber wahr, noch immer sagen meine Freundinnen Ruthle zu mir, obwohl ich inzwischen 82 Jahre alt bin. Ich soll etwas von früher erzählen? Das mache ich gerne!

Früher waren die Spiele der Kinder und die Spielsachen ganz anders. Bestimmt findet ihr einiges ungewöhnlich, was ich jetzt von meinem Kindergarten erzähle, in den ich damals ging, als ich ein kleines Mädchen war. Das ist schließlich viele Jahre her.

Der Kindergarten war ein kleines Haus neben dem Pfarrhaus. Jeden Morgen pünktlich um 8 Uhr kam die Tante und schloss die Eingangstüre auf. Tante nannten wir die Erzieherin, meine Tante hieß Tante Emma. Die meisten Kinder kamen schon vor 8 Uhr und warteten vor der Eingangstüre.

Wir waren über 50 Kinder. Tante Emma begrüßte jedes Kind einzeln mit einem Handschlag. Wir Mädchen machten bei der Begrüßung einen Knicks und die Buben einen Diener, so heißt die Verbeugung. Das gehörte sich so für alle wohlerzogenen Kinder, wenn sie jemanden begrüßten.

Im Kindergarten hängten wir zuerst unsere Mäntel an Kleiderhaken, auch den Vesperbeutel, den jedes Kind mitbrachte. Manche Kinder hatten schicke Kindergartentäschchen aus Leder oder Blechbüchsen mit bunten Bildchen drauf.

Unsere Schuhe haben wir nur auf dem Schuhabstreifer abstreift und nicht ausgezogen. Wir hatten Schnürstiefel, die Schnürbänder waren fest verknotet. Gummistiefel oder Schuhe mit Reißverschluss gab es damals noch nicht. Im Gruppenraum war ein geölter Holzboden. Da konnten wir mit unseren Stiefeln herumtoben, ohne dass es Kratzer gab.

Alle Kinder hatten im Kindergarten eine Schürze umgebunden, damit unsere Kleider nicht schmutzig wurden. In der Schürzentasche musste immer ein sauberes Taschentuch sein. Das überprüfte Tante Emma täglich und schimpfte uns aus, wenn das Taschentuch fehlte oder schon am Morgen schmutzig war. Dann schämten wir uns sehr. Wir mussten auch jeden Tag der Tante Emma unsere Hände vorzeigen. Sie prüfte, ob die Hände gewaschen und die Fingernägel sauber und nicht zu lang waren.

Es gab nicht so viele Spielsachen im Kindergarten wie heute. Wir Kinder vermissten nichts. Wir spielten gerne mit den Sachen. Da gab es die Holztiere und Holzhäuschen, die bunten Perlen zum Auffädeln, die gelochten Karten und Wollfäden zum Ausnähen, die Flechtblätter aus Buntpapier zum Papierweben. Etwas ganz Besonderes war es, wenn wir auf der Schiefertafel mit bunter Kreide ein Bild malen durften. Das Lieblingsspielzeug der Buben war das Holzpferd mit dem Wagen, auf den man Holzklötze aufladen konnte. Mein Lieblingsspielzeug war die Puppenstube mit den kleinen Stühlchen und dem Tisch aus Pappe und Holz. Die Püppchen waren steife Kerle aus Holz, aber meine Lieblingspuppe hatte einen Kopf aus Porzellan mit echten Haaren zum Kämmen.

Wir sangen im Kindergarten viele Lieder. Alle Liedstrophen lernten wir auswendig. Auch viele Reime und kleine Gedichte konnten wir auswendig. Beim Aufsagen mussten wir uns vor die anderen Kinder aufstellen und laut und deutlich sprechen.

Tante Emma erzählte uns viele Geschichten aus der Bibel. Manchmal las sie auch aus einem alten Märchenbuch vor.

Die Mittagszeit dauerte zwei Stunden. Da gingen wir nach Hause, um Mittag zu essen. Und um vier Uhr nachmittags war der Kindergarten zu Ende.

Ja, ja – das waren eben andere Zeiten."

Zeitdokumente

Es gibt Menschen, die sich beruflich mit der Vergangenheit beschäftigen, die Archäologen. Sie graben nach alten Städten, Häusern, Plätzen. Ihre Funde geben Auskunft darüber, wie die Menschen früher gelebt haben vor 100, 300, 500, 1000 und noch mehr Jahren.
Weil es inzwischen eine weltweit akzeptierte Zeitrechnung gibt, können die Archäologen ihre Funde und Entdeckungen aus vergangenen Zeiten in genaue Zeitabschnitte einordnen.
Doch man muss kein Archäologe sein, um mit alten Dingen etwas zu tun zu haben. In unserem Alltag benützen, sehen und hören wir vieles aus vergangenen Zeiten. Wir sind eigentlich ständig umgeben von Dingen aus der Vergangenheit. Wir hören Musik von Bach, der vor 350 Jahren lebte, wir singen Weihnachtslieder, die aus dem Mittelalter stammen, wir betrachten Gemälde von Rembrandt, der vor 400 Jahren geboren wurde, wir gehen in Kirchen und Gebäude, die vor mehr als 500 Jahren gebaut wurden. Das alles sind Zeitdokumente der Vergangenheit.
Je nach Interesse und Verständnis der Kinder kann man mit ihnen auf Zeitreise gehen und Dinge aus vergangenen Zeiten betrachten.

Spielsachen von früher
(Gespräch)

Mit Spielsachen kennen sich die Kinder aus und entdecken schnell den Unterschied zwischen einem alten und einem neuen Spielzeug. Das Gespräch über alte Spielsachen von damals wird zugleich ein Gespräch über alte Zeiten sein.

Alter: ab 5 Jahren
Material: Spielsachen von früher
Vorbereitung: Mit einem Aushang oder Rundschreiben die Eltern nach Spielsachen von früher fragen und darum bitten, diese leihweise zur Verfügung zu stellen

Die Spielsachen von früher in eine besonders schöne, weich ausgepolsterte Kiste legen, damit die kostbaren Schätze nicht kaputt gehen. Sind ausreichend viele Sachen beisammen, kann das Spiel durchgeführt werden.
Alle Kinder waschen ihre Hände, dann setzen sie sich in einen Kreis um die Spielzeugkiste herum.
Die Spielsachen werden sehr behutsam ausgepackt. Damit wird zugleich gezeigt, wie wertvoll diese alten Sachen sind. Jeder darf sie anfassen, der Reihe nach und ganz vorsichtig.

Die Kinder unterhalten sich über diese alten Sachen, beschreiben, was sie sehen, machen sich gegenseitig auf Besonderes aufmerksam, überlegen, wie damit gespielt wurde und stellen Fragen, wenn sie mehr darüber wissen wollen. Die Antworten des Erwachsenen sollten zu kleinen Geschichten ausgebaut werden, in denen noch mehr von der Zeit damals berichtet wird (siehe auch die Geschichte S. 103).

Eine Woche lang werden diese alten Spielsachen in einem besonderen Regal aufgestellt. Wie eine Ausstellung soll es aussehen. Die Kinder helfen dabei mit.

Tipp

Nach diesem Spiel könnten die Kinder einen Besuch in einem richtigen Spielzeug-Museum machen oder einem Heimatmuseum mit Spielsachen aus früheren Zeiten.

Detektive der Vergangenheit (Spiel)

Die Kinder schauen in ihrer nächsten Umgebung nach Spuren alter Zeiten und erkennen, dass sie heute immer noch mit Dingen von früher zu tun haben.

Alter: ab 6 Jahren
Material: Fotoapparat, Filme, Poster, Klebstoff

Passend zur Wetterlage bringen die Kinder Jacken und Schuhe mit und stellen sich auf einen längeren Ausflug ein. Dieser führt zu Gebäuden, Museen, Antiquitätenhändlern, Secondhand-Läden oder sonstigen örtlichen Besonderheiten, wo etwas aus alten Zeiten zu sehen ist.

Die Kinder gehen z. B. zum alten Brunnen, zu den Stadtmauern, zur Steinbrücke, in Parks, in denen Denkmäler oder alte Skulpturen stehen, und schauen in Antiquitätengeschäften nach Alltagsgegenständen aus früheren Zeiten. Alles, was den Kindern besonders gefällt oder auffällt, wird fotografiert.

Poster

Nachdem die Filme entwickelt wurden, werden die besten Bilder ausgewählt, zu einer Dokumentation der Vergangenheit zusammengestellt und auf ein Poster geklebt.

Gegenwart

Die Gegenwart ist das Hier und Heute, das Jetzt, der Augenblick, der gegenwärtige Moment. Die Gegenwart steht zwischen Vergangenheit und Zukunft. Kinder leben in der Gegenwart. Vor allem bei ihren Spielen sind sie total präsent, konzentrieren sich mit allen Sinnen auf das, was sie gerade machen. Deshalb ist es nicht nötig, den Kindern mit Spielen die Gegenwart bewusst zu machen. Die Gegenwart ist ja ihr Leben. Hier können wir Erwachsene von den Kindern lernen.

Zukunft

Ab wann beginnt die Zukunft? Manchmal meinen wir mit Zukunft die Zeit in 10 oder 50 oder 100 Jahren. Manchmal sagen wir „Zukünftig wollen wir uns um 9 Uhr zum Morgenkreis treffen" und meinen damit, dass diese Absprache ab morgen gilt. Manchmal sagen wir: „In Zukunft machen wir das anders!" und bringen damit zum Ausdruck, dass wir ab sofort etwas anders machen. Oder meinen wir damit die Zeit in ein paar Tagen, nächsten Monat oder nach den Sommerferien?
Das sollten wir den Kindern erklären, damit diese verstehen, was wir mit diesen Sätzen meinen. Denn für Kinder läuft die Zeit anders. Der nächste Tag ist noch absehbar. Die nächste Woche ist bereits sehr weit weg. Das nächste Jahr ist unendlich fern und die nächsten Jahre sind unvorstellbar. Mit den nachfolgenden Spielen und Informationen wird den Kindern verständlich gemacht, was diese Zukunft alles sein kann.

Nächste Woche (Aktion)

Die Kinder erleben und lernen, wie die Zeit, die Zukunft genannt wird, immer näher rückt und eines Tages da ist.

Alter: ab 4 Jahren
Material: Malfarben, Malpapier, Bastelsachen aller Art

Die Kinder überlegen sich eine besondere Aktivität, die sie in der nächsten Woche ausführen wollen. Das kann Kuchen backen sein, ein Blumenbeet anlegen, Laternen basteln oder das Lied für den Nikolaus lernen.
Das malen sie auf ein Blatt Papier.
Das Bild kleben sie an die Tür.
So werden die Kinder täglich daran erinnert, was sie nächste Woche vorhaben.
Wenn die nächste Woche beginnt, geht es gleich an die Arbeit und das Bild an der Tür kann abgenommen werden.

Nächster Monat (Aktion)

Einen Monat abwarten, bis ein Ereignis kommt, ist für Kinder sehr lange. Bei diesem Spiel wartet die ganze Kindergruppe darauf, so fällt das Warten leichter. Die Kinder lernen auch, wie etwas Zukünftiges nicht schneller herbeigeholt werden kann. Da muss man wirklich Tag um Tag abwarten, keiner kann die Zeit ankurbeln, damit die Tage und die Wartezeiten kürzer werden.

Alter: ab 4 Jahren
Material: langer, ca. 10 cm breiter Papierstreifen, Farben, Schere, Stecknadeln

Gibt es im nächsten Monat ein besonderes Fest, das Oster- oder Weihnachtsfest? Die Kinder besprechen das festliche Ereignis. Und wie viele Tage sind es bis dahin? Die Tage bis zum Fest werden gezählt und genau so viele Abschnitte auf einem langen Papierstreifen markiert. Dann malen die Kinder den Streifen bunt an, jedes Kind darf einen markierten Teil mit Mustern oder Bildern gestalten, wie es ihm gefällt.
Jeden Tag schneidet ein anderes Kind einen Teil bzw. ein Bild vom Streifen ab. So erleben die Kinder, wie Tag für Tag das Ereignis näher rückt, der Streifen kürzer wird, die Zeit vergeht, und eines Tages der Festtag da ist.

Tipp
Dieses Spiel ist auch eine Idee für den nächsten Adventskalender!

Zukünftiger Beruf (Malen)

Diese Aktion veranschaulicht den Kindern eine Zeit, die in weiter Ferne liegt. So weit, dass sie heute nicht wissen können, was alles sein wird. Die Kinder lernen, dass sie dennoch über ihre Zukunft reden, phantasieren und Pläne schmieden können.

Alter: ab 6 Jahren
Material: Papier, Malstifte

„Was willst du einmal werden?"
Diese Frage kennen die Kinder, denn sie wird oft und gerne von Erwachsenen gestellt. Dieses „einmal werden" ist ein Blick in die Zukunft.
Bevor die Kinder ans Malen gehen, unterhalten sie sich über ihre Visionen. Das bringt die Kinder, denen erst einmal nichts einfällt, auf neue Ideen.
Dann stellen sich die Kinder ihren Beruf konkret vor und malen ein Bild von sich, wie sie diesen Beruf ausüben. Es ist ein Zukunftsbild.

Wenn ich groß bin (Spiel)

Kinder haben viele Wünsche für die Zeit, wenn sie einmal groß sind und sich ihre Wünsche selber erfüllen können. Es kommt nicht darauf an, ob diese Wünsche realistisch sind, sondern auf die phantasievolle Vorstellung einer Zukunft. Die Kinder lernen, einmal ausschließlich ihre Gedanken in die Zukunft zu transponieren.

Alter: ab 5 Jahren
Material: 1 Ball

Mit der Frage „Was machst du, wenn du groß bist?" beginnt das Spiel. Ein Kind sagt diesen Satz und wirft einem Mitspieler den Ball zu. Wer den Ball auffängt, beantwortet die Frage, z. B. so: „Wenn ich groß bin, kaufe ich mir einen Rennwagen", „Wenn ich groß bin, fahre ich mit einer Rakete zum Mond", „Wenn ich groß bin, lerne ich reiten".
Für die Antwort können sich die Kinder ruhig ein bisschen Zeit lassen. Hat das Kind seine Zukunftsvision geäußert, wirft es den Ball weiter und stellt einem anderen die Frage „Was machst du, wenn du groß bist?"
Fällt einem Kind keine Antwort ein, wirft es den Ball einfach wieder zurück.

Zeitreisen (Phantasiereise)

Die Kinder kennen Geschichten von Dinosauriern, wissen von Rittern, sehen im Fernsehen Filme von Robotern, hören von Marsmännchen und Weltraumflügen. Das alles sind Geschichten aus anderen Zeiten, aus der Vergangenheit oder aus der Zukunft. Mit Phantasiereisen fällt es den Kindern leicht, sich in anderen Zeiten zurechtzufinden. Dazu einige Anregungen.

Alter: ab 5 Jahren

Nachfolgend eine Reihe von Tipps, die zum Gelingen einer Zeitreise beitragen, als Hilfe und zur Orientierung beim Erfinden und Erzählen.

- Die Kinder setzen sich so, dass niemand den anderen stört, und schließen die Augen. Wenn die Kinder sitzen, sind sie aufmerksamer. Wenn sie liegen, kann es passieren, dass einige einschlafen.
- Vorab wird mit den Kindern besprochen, ob jedes Kind sein eigenes Fahrzeug hat oder ob alle Kinder zusammen in einem Fahrzeug reisen. Das wird bei der Phantasiereise berücksichtigt.
- Die Beschreibung vom Beginn und Schluss der Phantasiereise sollte zur Orientierung der Kinder immer gleich ablaufen: Die Kinder steigen in Gedanken in ein Fahrzeug, das fahren, fliegen, schwimmen und tauchen kann. Dieses Fahrzeug wartet vor dem Kindergarten oder Schulgebäude und bringt die Kinder in die andere Zeit. Der Landeplatz in der anderen Welt wird genau beschrieben und auch, wie die Kinder aus ihrem Fahrzeug aussteigen.
  Die Beschreibung der anderen Zeit so formulieren, als würden die Kinder alles gerade selber erleben. Dazu gehören Informationen wie z. B. was die Menschen als Kleidung tragen, was sie essen, wie sie wohnen, ob sie singen, tanzen und feiern, ob sie sich vor etwas ängstigen oder sich vor einer Gefahr schützen. Dazu gehört auch eine Beschreibung der Landschaft, des Wetters, der Tiere und Pflanzen und eine Beschreibung von Alltagsgegenständen, wie sie aussehen und wie sie benutzt werden.
- In der anderen Zeit angekommen, gehen die Kinder in Gedanken eine Wegstrecke, auf der vieles zu sehen ist, Begegnungen stattfinden und Abenteuer zu bestehen sind.
- Als Spickzettel für die Phantasiereise kann sich der Erzähler eine Skizze oder einen Plan von der ausgedachten Wegstrecke zeichnen und dort alle Besonderheiten aufzeichnen oder notieren, auf die er in der Erzählung eingehen will.
- Jede Zeitreise schließt mit der Rückkehr zum Fahrzeug, dem Rückflug und der Landung. Die Kinder steigen in Gedanken wieder aus dem Fahrzeug aus, gehen in den Gruppenraum zurück und setzen sich auf ihren Platz.
- Zum Schluss hören die Kinder immer die gleichen Sätze, wie eine Zauberformel: „Jetzt sind wir wieder in unserer Zeit angekommen. Reckt und streckt euch und öffnet die Augen. Jetzt seid ihr wieder da, in diesem Raum, in unserer Zeit!"
- Nach einer kurzen Pause wollen die Kinder meistens erzählen oder malen, was sie in ihrer Phantasie auf ihrer Zeitreise wahrgenommen haben. Dafür sollten sie ausreichend Zeit bekommen.
  Diese Zeitreisen können in die Vergangenheit und Zukunft führen, zur Steinzeit, Ritterzeit, Kaiserzeit, Hightech-Zeit, Roboterzeit. Wenn von historischen Zeiten erzählt wird, sollten die Angaben und Fakten stimmen. Dazu liefern auch Sachbilderbücher für Kinder gute Informationen. Bei den Reisen in die Zukunft kann der Erzähler seiner eigenen Phantasie freien Lauf geben, je verrückter, desto aufregender für die Kinder.

Die lebendige Zeit

Gefühlvolle Zeiten

Wir reden in unserer Alltagssprache viel über die Zeit: „Ach du liebe Zeit!" rufen wir, wenn wir überrascht sind. Aber was meinen wir damit? Ist in diesem Moment die Zeit wirklich eine liebe Zeit? Gewiss nicht, im Gegenteil, wir sind überrascht, vielleicht entsetzt, erschreckt, wenn wir diesen Ausruf machen.
Ganz anders ist der Ausdruck von der „lieb gewonnenen Zeit". Davon reden wir, wenn es uns in dieser Zeit gut gegangen ist.
Wir sprechen auch von „angenehmen Zeiten", „glücklichen Zeiten" oder „verrückten Zeiten". Es gibt „schwere Zeiten" und „harte Zeiten". Und immer meinen wir dabei einen Zeitabschnitt in unserem Leben, in welchem wir diese Gefühle hatten.
Wir sagen „Die Zeiten ändern sich" und meinen, dass sich unser Leben ändert. Wir sagen „Die Zeit vergeht viel zu schnell" oder „Die Zeit steht still" und meinen damit wiederum unser Leben und die Erlebnisse, die viel zu schnell erfolgten oder sehr intensiv erlebt wurden.
In den nachfolgenden Informationen und Spielen wird diesen Zeitaussagen nachgespürt, die Bedeutung interpretiert und so den Kindern anschaulich und verständlich erklärt. Die Spiele stimmen uns Erwachsene vielleicht nachdenklich, für die Kinder sind es Spiele zum Lernen der gebräuchlichen Redewendungen und zum Verstehen, was damit gemeint ist.

Wohin eilt die Zeit?

Die Zeit vergeht, verrinnt, fließt dahin, eilt weiter, rennt davon. Wir kommen der Zeit nicht mehr nach! Wie lebendig ist doch diese Zeit. Sie kann davonrennen, so wie auch Kinder davonrennen. Sie kann dahinfließen wie ein Fluss, vergehen wie der Nebel, verrinnen wie das Wasser. Die Zeit ist ein wundersames Phänomen.
Doch wohin rennt eigentlich die Zeit, wenn sie davoneilt? Was ist ihr Ziel? Ist sie wirklich so schnell, dass wir ihr nicht mehr hinterherkommen? Darüber sollten wir mit den Kindern reden.

Redensarten (Gespräch)

Damit die Kinder verstehen, was die Erwachsenen meinen, wenn sie sich so über die Zeit äußern, kommen die Kinder Redewendungen auf die Spur, werden Redensarten übersetzt.

Alter: ab 6 Jahren

Die Kinder hören typische Zeitaussage, überlegen, was damit gemeint ist, und erfahren von einem Erwachsenen etwas darüber, z. B.:
- Die Zeit bleibt stehen.
- Die Zeit läuft.
- Die Zeit eilt einem davon.
- Wir kommen der Zeit nicht nach.
- Die Zeit vergeht wie im Fluge.
- Die Zeit verrinnt zwischen den Fingern.

Zeit-Kommunikation

Wir können die Zeit ...

- verlieren
- finden
- suchen
- nutzen
- gebrauchen
- genießen
- vergeuden
- verbummeln
- verschwenden
- entbehren
- vertrödeln
- verschlafen
- verpassen
- genießen
- verteilen
- sparen
- retten
- vergessen
- herbeisehnen
- vermissen

Wie stellen wir das bloß an? Wir können sogar eine verlorene Zeit suchen und wieder finden.
Was ist das für eine Zeit, von der hier die Rede ist? Kann die Zeit auch festgehalten werden? Vor allem die Zeit anhalten, das wollen viele!
Die Zeit wird hier stellvertretend für unser Leben mit all seinen Veränderungen und Aufgaben angesehen:

- Wir verlieren nicht die Zeit, sondern tun etwas, was nicht so wichtig ist oder nicht so schnell voran kommt, wie wir es gerne hätten.
- Wir verpassen nicht die Zeit, sondern verpassen eine Sache, die wir tun wollten.
- Wir sagen „dafür brauche ich mehr Zeit", wenn wir etwas tun wollen, das lange dauert, weil so viel dabei zu tun ist.

Tipp
Wir gebrauchen diese Ausdrücke oft, und nicht immer verstehen die Kinder, was wir damit meinen. Wir sollten zukünftig in Gegenwart von Kindern nicht nur von einer Zeit reden, die z. B. geschenkt oder vertrödelt wird, sondern den Kindern dazu erklären, was wir in dieser Zeit tun wollen oder wie wir sie besser genutzt hätten. Dazu das nachfolgende Spiel.

Zeit-Ausdrücke erklären

(Gespräch)

Wenn die Kinder Spaß an der Sprache haben und an neuen Formulierungen interessiert sind, gefällt es ihnen sicher, diese Redewendungen zu interpretieren.

Alter: ab 7 Jahren

Die Kinder hören einen Ausdruck und erklären mit ihren Worten diesen Zeitbegriff, z. B.:

- erfüllte Zeit
- ausgefüllte Zeit
- genutzte Zeit
- sinnvolle Zeit
- verplemperte Zeit
- unnütze Zeit
- vergeudete Zeit

Zeit-Werte

Es gibt ...

- gute und schlechte Zeiten
- schöne und blöde Zeiten
- heitere und traurige Zeiten
- glückliche und unglückliche Zeiten
- fröhliche und ernste Zeiten
- wertvolle und unnütze Zeiten

Doch eigentlich meinen wir damit wiederum nicht die Zeiten, sondern unser Leben, unsere eigenen Erlebnisse, das, was wir in dieser Zeit getan und erlebt haben, was uns passierte oder zugestoßen ist. Wir beschreiben mit diesen Formulierungen, wie es uns erging und wie wir uns in dieser Zeit fühlten. Auch darüber sollte mit den Kindern geredet werden. Damit sie zukünftig so eine Bemerkungen wie: „Es war eine gute Zeit!“ verstehen und wissen, dass der andere damit sagen wollte, es ging ihm selber in dieser Zeit gut.

Um den Wert der Zeit zu erfahren

Um den Wert eines Jahres zu erfahren,
frage den Schüler, der sitzen geblieben ist.
Um den Wert eines Monats zu erfahren,
frage die Kinder, die Sommerferien haben.
Um den Wert einer Woche zu erfahren,
frage die Kinder, deren Vater nur am Wochenende zu Hause ist.
Um den Wert eines Tages zu erfahren,
frage das Kind, das morgen seinen Geburtstag hat.
Um den Wert einer Minute zu erfahren,
frage die Familie, die den Zug verpasst hat.
Um den Wert einer Sekunde zu erfahren,
frage die Freunde, die sich zum ersten Mal begegnen.

„Wie war es?“ (Spiel)

Häufig fragen die Eltern ihr Kind „Wie war es?“, wenn sie es vom Kindergarten, von der Schule oder vom Kinderfest abholen. Mit dem Wörtchen „es“ ist viel gemeint: die Zeit, das Wohlbefinden, die Erlebnisse und Stimmungen. Bei dem nachfolgenden Spiel stellt die Spielleitung diese Frage und die Kinder antworten, indem sie den erlebten Tag beschreiben.

Alter: ab 5 Jahren
Material: Ball

Dieses Spiel wird erst zum Abschluss des Tages gespielt. Der Spielleiter wirft einem Kind den Ball zu und stellt gleichzeitig die Frage: „Wie war für dich die Zeit heute?“ Das Kind antwortet und wirft oder rollt danach den Ball wieder zurück. Jedes Kind wird aufgefordert, eine Antwort zu geben. Nur „schön!“ zu antworten, gilt diesmal nicht. Jedes Kind hat auch ausreichend Zeit für seine Antwort, kann lange oder kurz nachdenken und lange oder kurze Antworten geben.

Farben für die Zeit (Malen)

Über die Zeit zu reden ist eine abstrakte Angelegenheit. Denn wer kann die Zeit schon sehen, riechen oder anfassen? Bei diesem Spiel malen die Kinder ihre erlebte Zeit. So wird mit einem Farbenspiel sichtbar, was sonst nur Worte zum Ausdruck bringen.

Alter: ab 5 Jahren
Material: Zeichenblatt, Pinsel, Wasserfarben
Vorbereitung: Jedes Kind richtet sich seinen Malplatz selber ein.

Sind alle Kinder bereit, bekommen sie die Malaufgabe gestellt: „Wie war der Tag heute für dich? Wie war die Zeit heute? Welche Farbe passt zur Zeit, wie du sie heute erlebt hast? Male das Papier mit dieser Farbe an.“
Sind alle Bilder fertig, erklärt jedes Kind den anderen die Farbe seiner Zeit.

Zeit-Mengen

Dem einen ist die Zeit zu knapp, dem anderen zu üppig, der eine hat zu wenig Zeit, der andere zu viel. Manch einer hat gar keine Zeit und ein anderer hat unendlich viel Zeit.
Wo kann man sich denn die Zeit holen oder sie schöpfen? Wo ist die Zeit geblieben, wo versteckt sie sich? Wohin verschwindet sie und wo können wir sie suchen? Wie kann der eine dem anderen seine Zeit schenken? Wie kann ein anderer einem die Zeit stehlen? Und wo können wir uns so viel Zeit nehmen, wie wir brauchen? Das den Kindern zu klären ist der Inhalt der nachfolgenden Aktivität.

Wie viel Zeit ist das?

(Gespräch)

Was bedeutet das, wenn einer sagt, „Ich habe keine Zeit!"? Diese Aussage hören die Kinder oft. Hier lernen sie, was die Erwachsenen mit dieser Aussage sagen wollen und wie sie darauf reagieren können.

Alter: ab 5 Jahren

Der Erwachsene führt das Gespräch und erklärt die Redewendung z. B. so: „Wenn jemand sagt ‚Ich habe keine Zeit!' bedeutet das, dass er oder sie gerade etwas Bestimmtes macht, was nicht unterbrochen werden kann. Was können wir dann tun, wenn einer sagt, dass er keine Zeit hat?" Das Gespräch mit den Kindern beginnt.
Die Kinder sagen ihre Meinung dazu, erzählen von Situationen, in denen sie diese Aussagen gehört haben, und überlegen, wie sie am besten darauf reagieren und antworten können. Mögliche Reaktionen sind z. B.:

- Nachfragen, wann der andere Zeit hat
- Sagen, wie viel Zeit man von ihm möchte
- Eine Zeit ausmachen, in der die oder der andere wieder Zeit hat

Auch über andere Aussagen reden wir mit den Kindern, z. B.:

- Die Zeit wird zu knapp.
- Dafür haben wir üppig viel Zeit.
- Ich habe zu wenig Zeit.
- Der hat wohl zu viel Zeit.
- Ich habe keine Zeit.
- Ich habe viel Zeit.
- Ich schenke dir meine Zeit.
- Du stiehlst mir die Zeit.
- Dafür nehme ich mir Zeit.

Zeit-Probleme

Unsere Zeit ist eine sehr hektische. Alles soll schneller gehen, dafür sorgen schon die technischen Erfindungen. Bei den Erwachsenen wie bei den Kindern ist eine Woche ausgefüllt mit Terminen. Es ist zeitgemäß, dass sich im Beruf und in der Freizeit die Termine jagen und dicht gedrängt einen Terminkalender ausfüllen: Konferenzen, Arbeitskreise, Besprechungen, Schwimmen, Reiten, Kino, Tennis, Theater, Konzert, Englischkurs.

Keine Zeit zu haben ist in Mode gekommen. Doch wie kommen die Kinder damit zurecht? Wir wissen es: Sie ahmen das Verhalten der Erwachsenen nach – und haben auch nur noch selten Zeit. Die nachfolgende Geschichte stimmt nachdenklich und kann dazu genutzt werden, mit den Kindern über diesen modernen Zeitstress zu reden.

Die Geschichte von der verlorenen Zeit

erzählt von Hildegard Mühlberger, Bozen, Südtirol

Es war einmal ein König. Er wohnte in einem großen Schloss. Das Schloss stand auf einem Berg. Wenn der König auf den Balkon seines Schlosses trat, konnte er über seine ganze Stadt schauen. Unten in den Straßen der Stadt ging es laut zu. Die Menschen waren fleißig, eilten eifrig hin und her, trieben ihre Pferde an, damit diese die beladenen Wägen durch die Straßen zogen.
Aber dem König war das alles viel zu langsam.
Und so befahl er eines Tages, dass seine Leute in der Stadt schneller gehen, schneller essen, schneller schlafen sollten. Am schnellsten aber sollten sie arbeiten.
Die Leute rannten die Wege entlang, rasten mit ihren Pferdewägen durch die Straßen und arbeiteten so schnell, dass sie nicht mehr aufschauen konnten.
Wenn jetzt der König auf seinen Balkon trat und auf seine Stadt herunterschaute, freute er sich, dass alle Menschen schneller liefen und noch schneller arbeiteten. Selbstverständlich aßen und schliefen sie auch schneller.

Eines Tages kam ein Fremder in die Stadt. Er schaute sich um und wollte jemanden um Auskunft bitten. Aber alle Leute hetzten an ihm vorbei und ließen ihn stehen. Da hielt er einen vorbeieilenden Arbeiter am Ärmel fest und fragte: „Bitte, wo bin ich hier und wie heißt diese Stadt?"
„Ich habe keine Zeit!", antwortete der Arbeiter und rannte auch schon weiter.
„Das ist ein seltsamer Name für eine Stadt!", dachte der Fremde und ging die Straße weiter. Da hörte er die Turmuhr schlagen. Aber was er hörte, waren keine Glockenschläge, sondern ein lautes „Keine Zeit, keine Zeit, keine Zeit!"
Der Fremde bemerkte in einem Hof eine Gruppe Kinder. Sie saßen eng beisammen und übten Schnellsprechverse.
„Darf ich mich zu euch setzen?", fragte der Fremde und trat durch das Hoftor.
„Ja", riefen die Kinder, „mach schnell! Du kannst uns bei den Hausaufgaben helfen."
„Was macht ihr denn?", fragte der Fremde.

„Wir üben schneller sprechen!", antworteten die Kinder hastig und plapperten ihre Hausaufgaben-Schnellsprechverse wild durcheinander. Jeder wollte der Schnellste sein.
„Und was spielt ihr sonst noch?", fragte der Fremde.
Die Kinder wurden traurig und sagten: „Wir haben keine Spiele mehr, denn es gibt keine Zeit zum Spielen!"
Der Fremde dachte ein Weilchen nach und die Kinder schauten ihn neugierig an. Sie hatten schon lange nicht mehr gesehen, dass einer so ruhig dastand und still nachdachte.
„Was ist mit dir?", fragten sie den Fremden.
Nach einiger Zeit antwortete er: „Ich möchte euch meine Zeit schenken, zum Spielen. Wollt ihr mitspielen?"

„Ja!", riefen die Kinder.
Doch eines der Kinder sagte: „Wir haben aber keine Zeit. Sie ist verloren, wenn wir nur spielen!"
„Dann müssen wir die Zeit zum Spielen eben suchen!", sagte der Fremde, „Ich weiß, wo wir die verlorene Zeit finden können!"
Der Fremde erzählte von dem Wald außerhalb der Stadt: „Dort ist es still und ruhig und es gibt für jeden so viel Zeit, wie er braucht." Das gefiel den Kindern. Sie gingen mit dem Fremden aus der Stadt hinaus in den Wald.

Das Ende der Geschichte ist offen und wird mit dem nachfolgenden Gespräch fortgesetzt:

Das Ende der Geschichte (Gespräch)

Die Kinder sprechen über die hektische Zeit der Erwachsenen, über ihre Wünsche, dass die Erwachsenen mehr Zeit für die Kinder haben sollten. Sie suchen für die Geschichte eine Lösung.

Alter: ab 5 Jahren

Die Kinder überlegen einen Schluss für die Geschichte. Sie erzählen sich gegenseitig ihre Ideen und stimmen ab, welches Ende der Geschichte ihnen am besten gefällt.

Zeit haben (Spiel)

Die Kinder erleben den Erwachsenen als Vorbild, als jemanden, der Zeit hat. Sie spüren, was es bedeutet und wie schön das ist, sich Zeit zu nehmen, dem andern seine Zeit zu schenken.

Alter: ab 3 Jahren

Der Erwachsene setzt sich zu ein paar Kindern und sagt z. B.: „Ich habe Zeit! Wir können etwas zusammen spielen!" Und dann bespricht er mit den Kindern, was sie jetzt machen wollen, vielleicht miteinander kuscheln und Musik hören oder eine Geschichte erzählen oder das Ratespiel „Ich seh' etwas, was du nicht siehst..." spielen.

Gemeinsame Zeit
(Basteln + Spielen)

Die selbst gemalten Spielkarten und die Spielregel veranschaulichen den Kindern, was es heißt, Zeit miteinander zu verbringen.

Alter: ab 5 Jahren
Material: Malstifte, Kartonpapier, Schere

Basteln
Die Kinder schneiden Kartonpapier in Spielkartengröße aus und malen eine Uhr darauf.

Spiel
Wenn Kinder miteinander spielen wollen, legen sie ihre Uhrenkarten zusammen. Das bedeutet, dass sie die nächste Zeit gemeinsam verbringen und Zeit füreinander haben.

Alles braucht seine Zeit

Wer ein Bild malt, ein Lied singt, eine Sandburg baut, einen Pullover strickt oder einen Blumenstrauß pflückt, braucht dafür Zeit. Für die eine Sache benötigt man weniger Zeit, die andere Sache dauert tagelang. Auch die Kinder brauchen ihre Zeit, zum Spielen, zum Lernen, zum Schlafen, zum Essen, zum Wachsen und größer werden.
Bestimmte Arbeiten, Entwicklungen oder Ereignisse benötigen eine bestimmte Zeit: Wir können zwar schneller essen, wir können auch schneller gehen, aber wir können nicht schneller schlafen und Kinder können nicht schneller wachsen.
Darüber mit den Kindern zu reden ist sicher sehr spannend.

Die Zeit planen

Kinder vergessen beim Spielen die Zeit. Sie sind in ihr Spiel versunken und spielen so lange, bis ihr Spiel zu Ende ist, das Bild gemalt, die Bauklotzburg gebaut, die Puppe im Bett oder die Perlenkette aufgezogen ist.
Mit der gegenwärtigen Zeit umzugehen, bedeutet, die Zeit einschätzen zu können, die für eine Arbeit, ein Spiel, zur Erholung oder zum Lernen gebraucht wird. Das setzt viel Zeit-Erfahrung und ein entwickeltes Zeit-Bewusstsein voraus. Wer damit ausgestattet ist, kann seine Zeit gut planen. Das lernen und üben die Kinder in den beiden nachfolgenden Spielen.

Die Zeit einschätzen

(Spiel)

Wie viel Zeit braucht ein Kind für sein Spiel oder seine Bastelarbeit? Das Ziel dieses Spiels ist nicht, etwas schneller zu machen, sondern die benötigte Zeit richtig einzuschätzen.

Alter: ab 6 Jahren
Material: Wandtafel, Stifte oder Kreiden, Küchenwecker, Spielsachen

Wer mitmachen will, kommt zur Wandtafel. Die Kinder vereinbaren eine Zeit, die sie mit ihrem Spiel ausfüllen wollen. Jedes Kind sagt, was es in einem Zeitrahmen spielen möchte. Die genannten Spiele der Kinder werden auf die Wandtafel geschrieben oder, wenn die Kinder noch nicht lesen können, als kleines Bild skizziert.
Dann wird der Küchenwecker gestellt und ab geht's zu den Spielen. Jedes Kind macht das, was es sich vorgenommen hat. Sobald der Küchenwecker klingelt, kommen die Kinder wieder zum Treffpunkt an die Wandtafel.
Jedes Kind sagt, ob die Spielzeit ausreichend war, oder nicht.
Je öfter die Kinder dies machen, desto mehr Erfahrung sammeln sie im Umgang mit ihrer Spielzeit und entwickeln allmählich ein Zeitgefühl für ihre Spiele. Wichtig ist auch, dass den Kindern klar ist, dass es nicht darauf ankommt, etwas schneller zu beenden, sondern darauf, dass jeder seine eigene Zeit herausfindet, die er für ein ausgewähltes Spiel braucht.

Tagesplan (Aktion)

Die Kinder planen den Ablauf ihres Tages selber. Sie denken dabei an den üblichen Tagesablauf und überlegen sich Spiele und Bastelsachen, die sie zusätzlich und zwischendurch machen wollen. Alles wird auf dem Tagesplan schriftlich dokumentiert und nach Ablauf des Tages überprüft. Ist der Plan gelungen? Hatten sich die Kinder zu viel oder zu wenig vorgenommen? Das erfahren die Kinder selber. Je öfter sie dieses Spiel machen, desto realistischer wird ihre Zeitplanung.

Alter: ab 6 Jahren
Material: Wandtafel, Schreibzeug

Der Morgenkreis ist der ideale Zeitpunkt, um mit den Kindern einen Tagesplan aufzustellen. Die Kinder sammeln die Tagespunkte und diktieren, was auf die Wandtafel geschrieben werden soll. Da gibt es die festen Programmpunkte, die alle Tage stattfinden, wie Frühstückspause, Brotzeit, Mittagessen, Schlafen, Freispiel, Stuhlkreis. Diese Programmpunkte werden auf die Tafel geschrieben oder mit Symbolen aufgemalt.
Dann ergänzen die Kinder die Liste mit ihren Spielideen und Bastelsachen. Alles wird aufgeschrieben. Die Kinder überlegen auch, wie viel Zeit sie für ihre zusätzlichen Aktivitäten brauchen wollen. Der Erwachsene sollte hier keine Tipps geben, damit die Kinder ihre eigenen Erfahrungen machen und daraus lernen.
Im Verlauf des Tages schauen die Kinder immer wieder auf den Tagesplan und streichen durch, was sie ausgeführt oder erledigt haben.
Am Schluss des Tages schauen sie nach, welche Pläne sie verwirklicht haben und welche sie nicht durchführen konnten.

Öffentliche Zeiten

Es gibt Dinge, die die Menschen immer zur gleichen Zeit machen und Ereignisse, die immer zur gleichen Zeit stattfinden, z. B. aufstehen, zur Arbeit gehen, Mittagspause machen, nach Hause kommen, die Abendschau im Fernsehen anschauen.
Auch im öffentlichen Leben gibt es solche festen Zeiten. Diese „öffentlichen Zeiten" sind genau festgelegt und werden bekannt gegeben. Es sind bei den Kaufhäusern die Ladenzeiten, in Museen die Öffnungszeiten, bei den Ärzten die Sprechzeiten, bei der Bahn die Fahrzeiten.
Und was würde passieren, wenn wir diese festen Zeiten nicht hätten? Ein Gedankenspiel für ältere Kinder!

Schöne Zeiten

Auf schöne Zeiten und so genannte Lieblingszeiten freut man sich besonders, genießt diese Zeit aufmerksam, stellt sich schon vorher darauf ein in der Erwartung, dass es eine schöne Zeit ist, die man erleben wird.
Wenn Kinder von solchen Lieblingszeiten hören, werden sie sicher auch für sich eine Lieblingszeit auswählen wollen, dabei die Besonderheiten überlegen und abwägen, welche Ereignisse und Erlebnisse ihnen am besten gefallen.
Hier drei Beispiele zum Weitererzählen oder zur Animation für eigene Lieblingszeiten, von denen man den Kindern erzählen möchte:

- Meine Lieblingszeit im Jahresablauf ist ein warmer, heller Sommertag, mit Gärten und Wiesen voller Blumen, einem tiefblauen Himmel, einem warmen Sommerwind. An solchen Tagen genieße ich die Zeit sehr.
- Meine Lieblingszeit im Tagesablauf ist der Abend, wenn alles zur Ruhe kommt, die Vögel ihren Abendgesang anstimmen, im Garten ein erdigfeuchter Geruch aufsteigt, das Abendrot am Horizont erscheint und der erste Stern am Himmel funkelt. Dann fühle ich mich sehr wohl und genieße diese Zeit.
- Meine Lieblingszeit bei den Jahresfesten ist die Adventszeit, wenn die Räume mit Tannengrün und Glitzerschmuck verzaubert werden, abends Kerzen leuchten, Lebkuchen duften, stimmungsvolle Musik erklingt, Briefe geschrieben und Überraschungen vorbereitet werden. Dann geht es mir gut und ich genieße diese festliche Zeit.

Lieblingszeiten (Malen)

Die Kinder tauschen ihre Beobachtungen aus und besinnen sich auf das, was ihnen bei den Jahres-, Tages- oder Festzeiten besonders gefällt.

Alter: ab 5 Jahren
Material: Farbstifte, Malpapier, evtl. leise Instrumentalmusik

Wer mitmachen will, richtet sich zuerst einen Platz zum Malen ein. Die Kinder werden angeregt, über ihre Lieblingszeiten nachzudenken, eine Jahreszeit, eine Tageszeit oder ein schönes Jahresfest. Sobald ein Gongschlag erklingt, darf nicht mehr geredet werden.
Jedes Kind überlegt, welche Zeit ihm am besten gefällt. Vielleicht schließt es die Augen, um sich besser mit allen Sinnen diese Zeit vorzustellen, die Farben, Geräusche, Gerüche.

Mit Fragen können die Gedankenspiele der Kinder unterstützen werden:
- Was machst du?
- Was siehst du?
- Kannst du auch etwas Besonderes hören oder riechen?
- Fühlst du, wie gut es dir dabei geht?

Jedes Kind malt ein Bild von seiner Lieblingszeit. Es darf erst dann wieder geredet werden, wenn alle Bilder fertig sind. Leise Musik kann diese Arbeit und Konzentration der Kinder unterstützen.

Bildergalerie
Alle Bilder werden als Bildergalerie an die Wand gehängt. Die Kinder nehmen davor Platz und wer will, stellt seine Lieblingszeit und sein Bild den anderen vor.

Literaturverzeichnis

„Alles braucht seine Zeit...", Praxishilfen für den Kindergarten, Heft 19, Herder Verlag, Freiburg, 1998

„Mehr Zeit", Bild der Wissenschaft, Special, Deutsche Verlagsanstalt, Stuttgart, 2005

„Mit Kindern Astrid Lindgren lesen", Bausteine Grundschule, Bergmoser + Höller, Verlag AG, 2002

„Zeit und Rhythmus", Entdeckungskiste Nov./Dez. 2000, Kindergarten-Fachverlag, St. Ingbert, 2002

Andresen, Ute / Baeten, Lieve: „Die Uhr und die Zeit", für Kinder ab 7 Jahren, Ravensburger Buchverlag, Ravensburg, 1995

Bennet, Paul: „Faszination Zeit", Reihe Wissen der Welt, für Kinder ab 9 Jahren, ars Edition, München, 2002

Bouctot, Elke: „Myra und der Flugdrache Fridolin", Eine abenteuerliche Reise durch die Zeit, Reihe: Projektgeschichten – Geschichtenprojekte, Don Bosco Verlag, München, 1994

Brachner, Alto: „Von Ellen und Füßen zur Atomuhr", Geschichte der Messtechnik, Deutsches Museum, München, 1996

Eggert, Dietrich / Bertrand, Lucien: „RZI – Raum-Zeit-Inventar", zur Entwicklung der räumlichen und zeitlichen Dimension bei Kindern, borgmann publishing, Dortmund, 2002

Franz, von, Marie-Louise: „Zeit", Strömen und Stille, Kösel Verlag, München, 1992

Levine, Robert: „Eine Landkarte der Zeit", Wie Kulturen mit der Zeit umgehen, Piper Verlag, München, 1999

Lindgren, Astrid: „Das entschwundene Land", Oetinger, Hamburg, 1977

Plattner, Ilse E.: „Zeitstress", Für einen anderen Umgang mit der Zeit, Kösel-Verlag, München, 1993

Rothbucher, Heinz / Seitz, Rudolf / Donnenberg, Rosemarie: „Alles hat seine Zeit, ich habe keine Zeit", Veröffentlichung der Salzburger Internationalen Werktagung, Tagungsbericht, Otto Müller Verlag, Salzburg, 1995

Wendorff, Rudolf: „Tag und Woche, Monat und Jahr", Eine Kulturgeschichte des Kalenders, Westdeutscher Verlag, Opladen, 1993

Wiebel, Klaus: „Natur Be-Greifen", Naturphänomene im Unterricht, Teilsatz 3, AOL und Freiarbeit Verlag, Lichtenau, 1998

Register

Basteln + Malen

Experimente

Gedichte, Geschichten und Rätsel

Gespräche

Lieder und Musikspiele

Spiele + Aktionen

Die Autorin

Gisela Walter lebt in Eichenau bei München. Die Diplompädagogin, Grundschullehrerin, Redakteurin und Autorin ist immer wieder auch Spielclown für Kinder. Seit vielen Jahren engagiert sie sich in der Fortbildung von ErzieherInnen und LehrerInnen.
Als Kind war sie ein „Träumerlein", vergaß beim Spielen Stunde und Tag, und erinnert sich noch gut daran, wie es ist, wenn man die Uhrzeit lernen und seine Zeit einteilen muss. So fällt es ihr leicht, mit neuen Spielen und erlebnisreichen Aktionen den Kindern die Zeit zu erklären und beim Erlernen der Uhrzeit beizustehen.
Gisela Walter schrieb für den Ökotopia Verlag: Von Kindern selbst gemacht (2001) und Weihnachtliche Feste anders gestalten (2004, mit Bernhard Schön).
Informationen über die Autorin:
www.gisela-walter.de

Die Illustratorin

Jutta Knipping (* 1968) lebt mit ihrem Mann und zwei Kinder in der Nähe von Osnabrück. Nach ihrer Ausbildung zur Druckvorlagenherstellerin studierte sie Grafikdesign in Münster. Seit 1996 illustriert sie zahlreiche Kinderbücher. Ihre Lieblingszeit verbringt sie in ihrem Garten bei der Pflege ihres kleinen Gemüsebeets.
Jutta Knipping illustrierte folgende Bücher für den Ökotopia Verlag:
Sag mir, wo der Pfeffer wächst (1997), Auf dem Blocksberg tanzt die Hex' (1998), Mit Kindern in den Wald (1998), Mandalareisen mit Kindern (1998), Kinder brauchen Musik (1998), Der wilde Westen (1999), Mek Mesu Kemet (2000), Was glaubst du denn? (2000), Hämmern, Tippen, Feuerlöschen (2001), Spiel doch mit den Schmuddelkindern (2002).